KB259933

신개념 한국명리학총서 15

달점으로 미래운명보기

（달점 보는 법）

문(moom)무라모또 저
사공혜선 역

법문북스

◆ 머리말 ◆

인간은 어째서 특정한 인물에게 호감을 가지기도 하고, 반대로 적대감을 가지기도 하는 걸까?

당신이 좋아하는 사람을 다른 누군가가 싫어하는 것은 다시 생각하면 이상한 일입니다. 상성(相性)의 좋고 나쁨, 그 짜임새를 알 수 있다면 꽤나 기분좋게 살아 갈 수 있을 것입니다. 그러나 정말 천차 만별인 상성에도 과연 「법칙」이란게 있는 걸까?

정답은 Yes 입니다!

당신의 의지와는 전혀 차원이 다른 달이·지배하는 감각의 세계가 존재합니다. 고대로부터 내려오는 달신앙(月信仰)과 현대과학에 의한 달연구(月研究)를 해독하면 그 윤곽이 확실히 드러납니다. 우리 인간의 감각은 달의 영향으로 크게 흔들립니다. 이 책에서는 달이 차고, 이지러져 감에 따라 예민하게 동요되어 가는 인간의 감정이나 애정관계를 설명해 갈 것입니다. 당신도 달에 의해 지배된 감정, 상성리듬을 알아 미래의 연애, 인간관계를 밝게 설계하십시오.

「달점」의 세계로 오신 것을 환영합니다.

당신의 미래와 바이오리듬을 알 수 있는 달점

차 례

제1장 당신의 운세는 달에 의해 지배되고 있다

제2장 당신의 달종족(月種族) 조사방법

제3장 당신의 운명과 리듬

제4장 당신과 그사람의 상성의 추이(推移)·변화(變化)

제1장 당신의 운세는 달에 의해 지배되고 있다

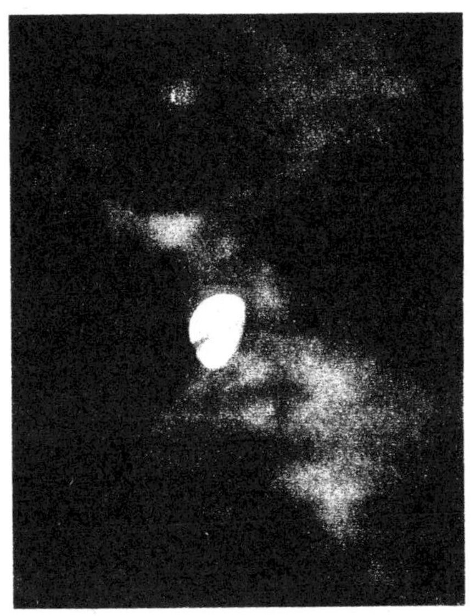

당신의 운세는 달에 의해 지배되고 있다

감정이 고조되는 보름

　인간은 달의 영향을 받고 있습니다. 특히 여성은 더욱 그러하여 자연분만(自然分娩)에서는 보름과 달초(月初)에 출생률이 높아집니다. 여성의 월경주기는 달이 차고 이지러지는 사이클 그 자체이며, 월경 예정일이 늦어지는 것은, 보름이든지 아니면 달초(月初)입니다. 또한, 보름에는 맥박이 빨라지고 신진대사가 심해져서 성적인 흥분도 고조됩니다.

　라틴어에서 달을 「luna」라 부릅니다만 「lunatic」에는 정신이상의 혹은 미친이라는 뜻이 있으며, 물론 「luna」에서 파생된 말입니다. 일본에서도 「달」은 옛날에는 「쯔꾸(つく)」라 읽고, 「달」과 「쯔꾸」가 부합된 말이라는 것은 많은 사람들에게 지적된 바 있습니다. 「지킬 박사와 하이드」의 모델이 된 찰스·하이드가 보름달과 초승달이 뜨는 날에 살인

을 하고 사나운 맹수가 되는 것 또한 달에게 홀린 한 사람이라 할 수 있겠습니다. 작가인 무라 카미 하루키씨는「네지마끼섬 연대기」에서 보름날 밤에 말이 픽픽 쓰러져 죽어 나가는 이야기를 쓰고 있습니다. 말이 달의 영향을 받는다는 것 또한「홀린다」는 단어를 떠올리면 납득이 갈 것입니다.

또 하나 lucky라는 의미에서의「ツク」도「달」과 관련이 있습니다.「운이 돌아왔다」는 표현은 바로 달의 차고 이지러짐을 시사하고 있으며, 자기가 태어난「달」이 돌아오면 도박(gamble)운이 높아지는 경향을 보입니다.

인간이나 말뿐만이 아니라 살아 있는 생명체가 그 중에서도 특히 바다 생물의 대부분이 달에 반응하는 이유는 생명이 바다로부터 발생하여 바다에서 진화를 보았기 때문입니다. 즉, 달의 인력(引力)으로 일어나는 조수의 간만(干滿)이 삶과 죽음의 경계선이 되기 때문에 달의 인력을 감지하는 기능을 진화에 받아들인 결과, 달의 수신장치(受信裝置)가 많고 적은 정도의 차이는 있으나 후세의 모든 생명체의 몸속에 맥맥히 이어져 오고 있는 것입니다.

점성술이 발달한 미국에서는 보름달(full moon)이「성공의 달(success moon)」이라 불리워지기도 한답니다. 보름에 주가가 올라가고, 상담이 잘 이루어진 경험으로부터 생겨난 단어입니다. 감정이 고조되고 행동력이 많아지는 보름에는 길거리에 사람들이 많아서 장사나 이벤트가 활발해집니다.

생명체만이 아니라, 달은 지구 그 자체에게도 영향을 끼치고 있습니다. 달의 인력(중력=조석력(潮汐力))이 하루 두 번 바다가 밀물과 썰물을 일으키듯이 달이 지나가는 궤

도에 맞닥뜨려진 대지가 점차 융기(隆起)하고 있다는 사실이 알려졌습니다. 과장된 표현을 빌리자면, 달에는 지구를 매일 변형시킬 만큼 강렬한 인력이 있다고 하겠습니다.

물론, 지구 내부의 마그마덩어리도 바다와 마찬가지로 밀물과 썰물을 반복하고 있습니다. 1991년 운젠후겐다케(雲仙普賢岳)의 용암돔(dome)이 출현한 초기에는 달의 인력과 용암이 흘러내리는 현상과 깊은 관계가 관찰되었습니다. 지진에 대해서도 달이 원인이 되고 있다는 설을 주장하는 연구가가 있습니다. 확실히 지진과 월령(月齡)과의 상관관계를 조사해 보면, 보름과 하순사이에 대지진이 집중되고 있습니다. 저 끔찍했던 한신대지진(阪神大震災)이 일어난 1995년 1월 17일은 바로 보름이었습니다. 홋카이도(北海道)의 오쿠지리시마(奧尻島)에 최악의 피해를 초래시킨 홋카이도 남서부 앞바다 지진(北海道 南西沖地震)은 1993년 7월 12일 하순 당일에 발생했습니다. 관동대지진(關東大震災)도 1923년 9월 1일 하순당일에 일어났었습니다. 보름에서부터 하순에 걸쳐서는 한층 더 큰 지진에 대비해 두는 편이 현명하다고 할 수 있겠습니다.

불길한 수「13」은 보름의 횟수

이러한 달의 위력을 인류가 의식하기 시작한 것은 꽤 오래전부터 인것 같습니다. 점토판에 설형 수메르 문자를 남긴 메소포타미아 문명 사람들은 이미 달문명을 이룩하고 있었던 것입니다. 그들이 무역을 통해서 세계로 전파한 달문명을 뿌리깊이 계승하는 사람들을 고대중국인은「월씨(月氏)」라 총칭했습니다.

　한편 수메르인은 무역을 하는 해양민족이기도 했기 때문에 달과 조수간만의 사이에 인과관계가 있다는 사실을 일찍부터 알고 있었던 모양입니다. 바닷길을 열어 멀리는 인도에까지 식민지를 둔 정도이어서 계절풍이 바뀔 때나 폭풍우가 일어나기 쉬운 날씨를 미리 알기 위해 천문학이 발달했을 것입니다. 물론, 언제 우기(雨期)와 건기(乾期)가 올 지를 아는 일이 경작에 있어서도 빠뜨릴 수 없는 과학이었던 것은 분명합니다.

　이렇게해서 수메르인은 달문명을 꽃피웠습니다. 그것은 그들이 12진법을 사용하고 있었다는 사실로도 추측할 수 있습니다. 「12」가 나타내는 것은 달이 차고 이지러지는 바로 그것입니다. 약 29·5일로 달은 차고 이지러짐을 일회하며, 그것이 12번 반복되면 봄에서 다시 봄으로 혹은 겨울에서 다시 겨울로 계절이 한 번 바뀌기 때문에 1년을 12개월이라 정한 것입니다.

　시간의 단위가 「12」인 것도, 한 다스가 「12」인 것도, 달이 차고 이지러지는 데서 오는 것이라고 보면 왠지 원근감이 생겨나서 좀 우습지 않습니까?

　그러면 기독교문화권에서 꺼려져오는 「13」이라는 숫자는 어떨까요? 13일의 금요일은 예수가 처형된 날이기 때문에 재수가 없다고 믿는 사람이 많지만 성서에 그러한 기술(記述)은 실려 있지 않으며, 예수 그리스도의 처형일은 사실은 분명하지 않습니다.

　예수 그리스도에 관계없이 이 「13」이라는 숫자도 달의 차고 이지러지는 데서 연유한다면 어떻게 하시겠습니까? ‘달이 차고 이지러지는건 12인데?’ 하고 생각하셨겠죠? 12개월에 숨겨진 「13」의 속임수는 한손을 펴서 손가락을 보면 금방 알 수 있습니다. 손가락과 손가락 사이는 넷이지만 손가락은 다섯이듯이 보름달이 총 13회 하늘에 나타나면 12개월이 지나서 1년이 되는 것입니다. 그리고 신성한 금단의 숫자로 받들어진「13」은 오랜 시간을 거쳐 서양에 정착하는 동안에 어느새 꺼려지는 숫자로 미움받게 된 것입니다.

서양과 동양에 있어서의「13」과「12」의 차이는 트럼프와 화투의 장수(枚數)를 연상시켜 문화의 차이를 느끼게 하는 재미는 있지만, 문화의 차이는 점(占)에서도 나타납니다. 서양에서는「별점」이 발달하고, 동양에서는「달점」이 발달했습니다.「달점」의 대표격은 12지(十二支)를 다루는「기학풍수(氣學風水)」나「사주추명(四柱推命)」이겠지요. 그러나 그것 이외에도 동양에는 묻혀지내 내려오던 멋진「달점」이 있었던 것입니다. 그것이「숙요도(宿曜道)」입니다.

「달점」이란?

「숙요(宿曜)」는 견당사(遣唐使)에서 장안에 머물렀던 공해(空海)가 일본에 가지고 돌아온 인도 밀교(密敎)인 성만다라(曼陀羅)로 시작되어 나아가 일연(日延)이 전파한 부천력(符天曆)을 사용한「숙요도(宿曜道)」에 이르렀습니다.「숙요도(宿曜道)」는 당시 최첨단의 천문학으로 계산된 월음력(月陰曆)의 책력이나 미래의 길흉이나 대인관계의 상성도 점치는 멋진 것이지만 너무나 복잡 난해해서 월음력 자체가 부정확했기 때문에 유감스럽게도 무로마찌시대(室町時代) 말엽에는 이미 사용하지 않게 되어버렸습니다.

그러면 그러한 결점을 개량하여「숙요도(宿曜道)」의 뛰

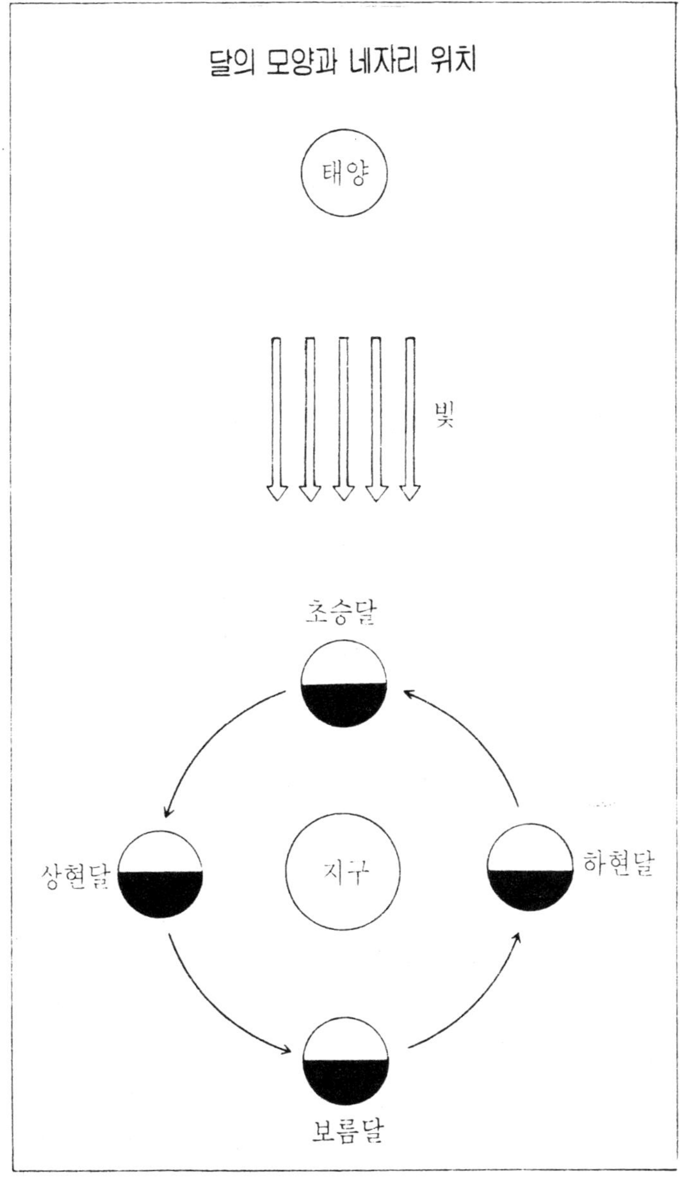
달의 모양과 네자리 위치
태양
빛
초승달
상현달
지구
하현달
보름달

어난 사고방식을 전개시킬 수는 없을까? 하는 발상이 「달점」의 출발점이 되었습니다.

태어난 날에 하늘에 떠오른 달이 서서히 차고, 지고, 변화하고, 성장해감과 동시에 그 달을 지켜보면서 인간도 성장해 가는 그러한 「숙요도」의 사고방식은 아주 훌륭합니다. 앞에 논한 달과 생명체의 관계, 즉 자연의 섭리를 월음력에 의해 멋지게 나타내고 있습니다. 그러나 「숙요도」와 같이 음력을 사용하여 하루하루마다 구분하는 것은 귀찮은 일입니다. 좀더 간편화 할 수 없을까? 그래서 달이 차고 이지러짐을 태양력과 연관지어 달의 가장 상징적인 위치인 초승달·상현달·보름달·하현달의 4집단으로 다시 정리해 보았습니다.

「달점」에서는 우선 당신이 태어났을 때의 달의 종류에 따라 초승달·상현달·보름달·하현달의 넷으로 분류하면서부터 시작됩니다. 그리고나서 네 가지 달종족마다 그 숙명적인 특성, 운명의 변화, 남과의 상성, 상성의 변천을 보아 갑니다.

당신의 달종족의 비교방법에 대해서는 다음 장에 서술하기 때문에 여기에서는 우선 「달점」의 특징을 간단하게 설명해 보도록 하겠습니다.

좋은 인상을 주는 「보름태생」

「달점」으로 무엇을 알 수 있을까? 그러면 예를 들어 설명해 보도록 하겠습니다.

탤런트는 언제나 호감도 경쟁을 해야 하는 직업으로 특히, 여성 탤런트의 경우에는 외견적인 아름다움이나 친숙함이 주무기가 됩니다. 그 경우 「보름달 태생」이 가지는 사람들에게 좋은 인상을 안겨주는 특성이 유감 없이 발휘되는 것입니다. 「보름달태생」은 예능인에게 있어서 success moon! 가장 탤런트 소질이 있는 달종족입니다.

좀더 폭을 넓혀, TV에서 활약하는 남녀 약 1500명의 생일을 조사해도 가장 많은 것이 「보름달태생」입니다. 다음으로 「초승달태생」, 「하현달태생」 그리고 가장 낮은 「상현달태생」의 순이 됩니다.

탤런트에게 「상현달태생」이 적다는 것은 물론 인기 탤런트조사에서 보아도 거의 마찬가지 입니다.

「상현달태생」의 정보처리기능

탤런트에 적합하지 않는 「상현달태생」이 다수 차지하고 있는 것은 아나운서부문입니다. 각 방송국의 아나운서는 「상현달태생」이 가장 많고, 버라이어티 쇼보다 보도가 잘 어울리는 사람이 많이 있습니다. 「상현달태생」은 노력가로 정보를 정확히 파악·처리하는 능력이 뛰어나기 때문에 진짜 뉴스 캐스터에 적합하다고 할 수 있지 않겠습니까?

방송아나운서에서 두 번째로 많은 것은 「하현달태생」이고, 이어 「보름달태생」입니다. 그리고 가장 적은 것이 「초승달태생」입니다.

성공하느냐, 실패하느냐 「초승달태생」

네 가지 달종족 중에서 가장 큰 힘을 지니고 있는 「초승달태생」은 정열적이고 고집이 겉으로 드러나기 쉬워서 상대가 받은 인상도 극단적이 될 우려가 있습니다. 게다가 호조기와 저조기의 격차가 크다는 결점이 있기 때문에 방송 아나운서에 적합하다고는 할 수 없습니다.「초승달태생」은 리더십이나 강함이 요구되는 장르에서 활약합니다.

「하현달태생」은 전지전능

「하현달태생」은 어떤 직종에서도 만능으로 활약합니다. 친근감이 넘쳐나고 주위와 쉽게 동조할 수 있기 때문에 어디에서라도 편안한 환경을 만들어 갈 수 있습니다. 또한, 시대조류를 타는 센스가 높은 한편, 축제분위기를 좋아하며 주위에 시선을 끌고 싶어 합니다.

그러면 네 가지 달종족의 분위기를 파악하였습니까?

달종족의 운명이나 궁합에 대해서는 제3장, 제4장에서 좀더 자세히 언급하겠습니다. 우선 다음 장으로 당신의 달종족을 조사해 봅시다.

제2장 당신의 달종족 조사방법

월령일정표(月齡日程表)

★ 1972年

초승달	상현달	보름달	하현달
		1/1	1/8
1/16	1/23	1/30	2/7
2/15	2/22	2/29	3/8
3/15	3/22	3/30	4/7
4/14	4/20	4/28	5/6
5/13	5/20	5/28	6/5
6/11	6/19	6/27	7/4
7/11	7/18	7/26	8/2
8/9	8/17	8/25	8/31
9/8	9/16	9/23	9/30
10/7	10/15	10/22	10/29
11/6	11/14	11/21	11/28
12/6	12/14	12/20	12/27

당신이 「태어난 달」의 조사방법 ①

그러면 당신은 어떤 달종족에 속할까요? 그 조사방법을 몇몇의 예를 들어 설명해 가겠습니다.

헤세의 핸섬보이·SMAP의 木村拓哉 씨의 달종족을 조사해 보겠습니다. 그의 출생일은 1972년 11월 13일 입니다.

우선 책 끝부분에 있는 「월령일정표(月齡日程表)」의 1972년 부분을 펼칩니다. 왼쪽표는 그 부분만을 떼어낸 것입니다. 그의 출생일을 찾아보면「11월 6일 초승달」「11월 14일 상현달」은 있지만 바로 그「11월 13

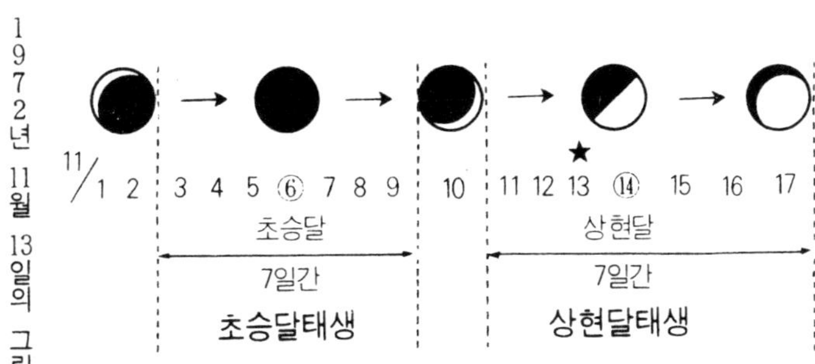

일」은 눈에 띄지 않습니다. 표에서 알 수 있는 것은 13일이 초승달(6일)과 상현달(14일) 사이에 있다는 사실 뿐입니다.

아래 그림을 봐 주십시요. 그가 태어났을즈음의 달의 모양을 「월령일정표(月齡日程表)」에서 찾아내어 나타낸 것입니다. 초승달과 상현달 사이, 달이 부풀어 오르는 도중에 木村拓哉 씨가 태어난 것을 알 수 있습니다.

초승달, 상현달, 보름달, 하현달의 각 영역은 그 당일과 전후 3일간의 총 7일간 강한 영향력을 가집니다. 木村拓哉 씨가 태어난 13일은 상현당일과 하루차이이기 때문에 상현달 영역의 영항력 아래 있게 됩니다. 즉 木村拓哉씨는 상현달이 강한 영향력을 지니고 있던 7일간(상현달 영역)에 태어난 「상현달태생」인 것입니다.

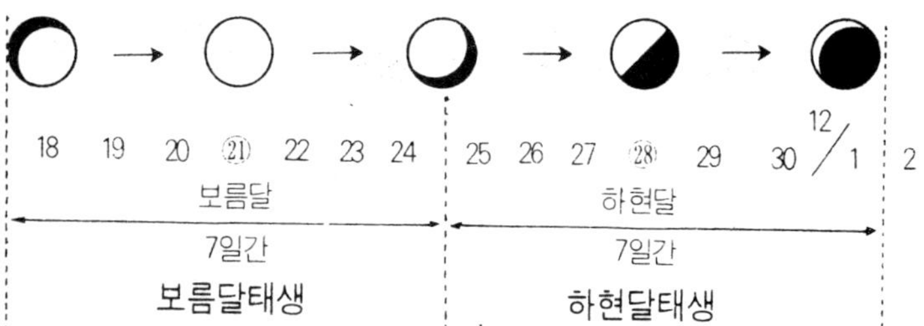

월령일정표(月齡日程表)

1961年

초승달	상현달	보름달	하현달
		1/2	1/10
1/17	1/24	2/1	2/9
2/15	2/22	3/2	3/10
3/17	3/24	4/1	4/8
4/15	4/23	5/1	5/8
5/15	5/23	5/30	6/6
6/13	6/21	6/28	7/5
7/13	7/21	7/28	8/3
8/11	8/19	8/26	9/2
9/10	9/18	9/24	10/1
10/10	10/17	10/24	10/31
11/8	11/15	11/22	11/30
12/8	12/15	12/22	12/30

당신이 「태어난 달」의 조사방법 ②

천진 난만이라는 말이 딱 어울리는 여배우 A씨는 어떨까요? 그녀의 출생일은 1961년 3월 4일입니다.

책 뒷부분의 「월령일정표(月齡日程表)」를 보면, 1961년은 왼쪽표와 같이 되어 있습니다. 그녀의 출생일은 보름(3월2일)과 하현(3월 10일) 사이입니다. 보름과 하현, 각각 영향력을 지니는 것이 7일간 아래 그림처럼 생각하면 3월 4일은 보름달 영역에 포함되어짐을 알 수 있습니다. A씨는 달이 찰 무렵에 태어난「보름달태생」입니다.

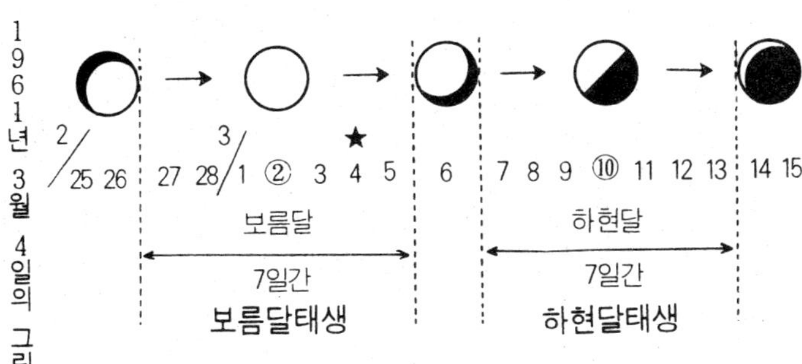

월령일정표(月齡日程表)

1955年

초승달	상현달	보름달	하현달
	1/2	1/8	1/16
1/24	1/31	2/7	2/15
2/23	2/1	3/9	3/17
3/24	3/31	4/7	4/15
4/22	4/29	5/7	5/15
5/22	5/28	6/5	6/13
6/20	6/27	7/5	7/13
7/19	7/27	8/4	8/11
8/18	8/25	9/2	9/9
9/16	9/24	10/2	10/8
10/16	10/24	10/31	11/7
11/14	11/23	11/30	12/6
12/14	12/22	12/29	

당신이 「태어난 달」의 조사방법 ③ — 공명대의 경우 (1)

이젠 당신도 어느정도 달종족 조사방법을 알게 되었다고 생각합니다. 그러나 개중에는 영역과 영역의 사이에 태어난 사람도 있을테죠? 그런 사람들은 「공명대태생」이라 하여, 조금 특수하게 다루어지게 됩니다.

「공명대」에 대해서는 TV계의 인기 선두 B씨를 예로 들어 보겠습니다.

그의 출생일은 1955년 7월 1일 입니다. 그날은 상현(6월 27일)과 보름(7월 5일) 중간에 있습니다.

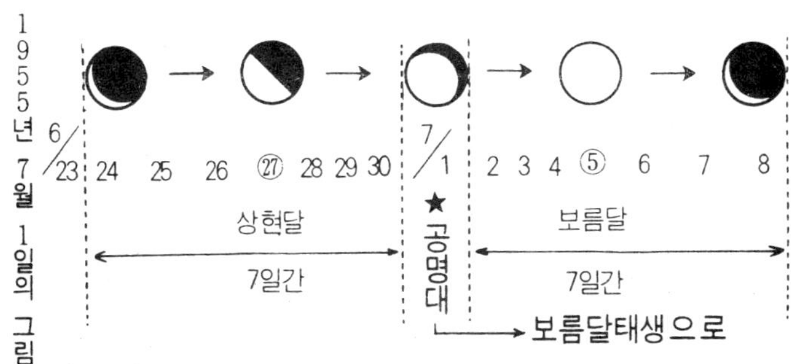

이러한 부분을 「공명대」라 부릅니다.

「공명대」는 달의 차고 이지러짐이 약 29.5일로 한바퀴 돕니다. 또 예를 들어 오후 11시 59분의 보름달과 오전 0시의 보름달에서는 시간이 1분밖에 차이가 나지 않는데도 날짜가 만 하루 차이가 나버리기 때문에 일어나는 현상입니다. 영역과 영역사이의 「공명대」는 글자 그대로 이웃한 영역에 공명하는 특별한 공간을 말합니다.

B씨는 상현과 보름의 공명대태생이지만 앞쪽 하단의 그림처럼 보름 영역에 포함하여 생각합니다. 「공명대」는 양 영역으로부터 간섭을 받는데, 뒷편 영역의 영향력이 보다 크기 때문입니다. 따라서 B씨는 「보름달태생」이 됩니다.

이처럼 각 영역사이 「공명대」에 출생일이 있는 사람은 항상 그 다음에 오는 영역의 종족으로서 판단하십시오. 「공명대」가 2일이상 있는 경우도 있습니다. 그러한 경우에도 마찬가지로 사이에 있는 날은 모두 다음에 오는 영역의 영향아래 들어갑니다.

월령일정표(月齡日程表)

★ 1968年

초승달	상현달	보름달	하현달
	1/7	1/16	1/23
1/30	2/6	2/14	2/21
2/28	3/7	3/15	3/21
3/29	4/6	4/13	4/20
4/28	5/6	5/12	5/19
5/27	6/4	6/11	6/18
6/26	7/3	7/10	7/17
7/25	8/2	8/8	8/16
8/24	8/31	9/7	9/15
9/22	9/29	10/6	10/15
10/22	10/28	11/5	11/13
11/20	11/27	12/5	12/13
12/20	12/26		

당신이 「태어난 달」의 조사방법 ④ — 공명대의 경우(2)

한편,「공명대 태생」중에는 두 개의 달종족에 걸쳐진 특수한 사람도 있습니다. 예를 들어 출생일은 1968년 12월 23일이고, 아래 그림과 같이 초승달 영역이기도 하고 상현달 영역이기도 합니다. 그러나 이 「공명대」도 뒤로부터 오는 영역의 영향력이 강하기 때문에 「상현달태생」이 됩니다.

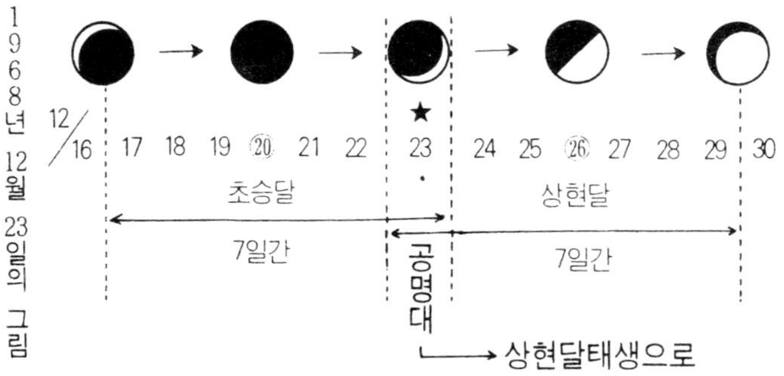

공명대태생은 인기인

공명대태생에게 포함되어지는 달종족의 특성(다음장에서 설명하겠음)에 덧붙여 다음과 같은 경향이 보여집니다.

모든 공명대태생이 가지는 가장 특징적인 특성은 전방위적인 외교가 가능하다는 점입니다.「맞은편 세 집과 좌우의 두 이웃집은 가장 가까운 이웃」이라는 말이 있듯이 이웃한 달영역에 끼어 있는 공명대태생은 많은 사람들과 우호적인 관계를 맺고 있으며, 인기인이 되는 요소를 갖추고 있습니다. 결점은 팔방 미인이라는 점! 적과 아군을 제대로 분간하지 못하고 미적미적하게 되면 사면 초가(四面楚歌)가 될 위험도 가지고 있습니다. 그중에는 처음부터 몰개성적이고 존재가 희미해져 존재감이 없는 사람도 있습니다.

★ 하현달과 초승달의 공명대이고「초승달태생」에 포함되는 사람

가정을 이루어 리더십을 발휘합니다. 허세를 부린 결과 무리가 가서 반성하는 일이 많은 타입입니다. 온화함과 난폭함이 공존하는 기분파 입니다.

★ 초승달과 상현달의 공명대이고「상현달태생」에 포함되는 사람

태어나면서부터 기이한 운명을 등에 업은 드라마틱한 삶을 좋아합니다. 몸속에 파괴와 재생을 품은 모순된 사람입니다. 새로운 것만 추구하고 반대파 파벌을 만들고 싶어합니다.

★ 상현달과 보름달의 공명대이고「보름달태생」에 포함되는 사람

자기주장이 강한 취향. 청결감 속에 타산적인 일면이 있

습니다. 허풍쟁이, 사기꾼이미지. 첫 대면인데도 이성을 성
적인 대상이나 결혼상대자로 봅니다.

★ 보름달과 하현달의 공명대이고「하현달태생」에 포함되는 사람
  대인관계가 좋은 타입. 명랑하게 행동하려 하지만 실수
가 많을 것입니다. 신경을 쓰는 편이지만, 천성이 게을러서
이내 느긋하게 되어버립니다. 연애은 아기자기하고 가정적
입니다.

제3장 당신의 운명과 리듬

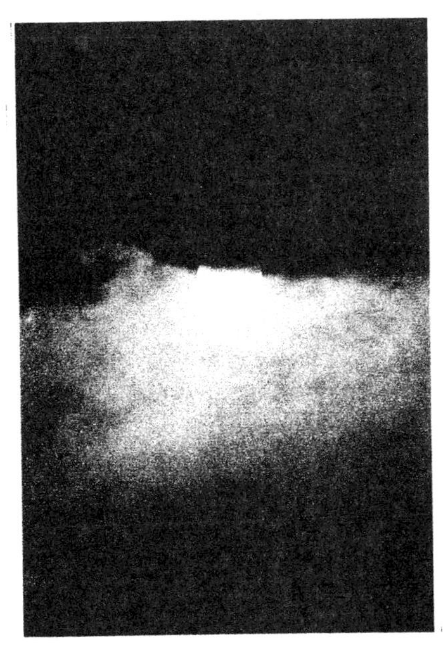

당신의 운명과 리듬

상현달, 하현달에 사건·사고가 많이 발생한다

사람에게는 바이오리듬이 있고, 우리들의 몸과 마음은 항상 호조와 저조의 파도 사이를 넘나들고 있습니다. 이러한 인간의 바이오리듬에 달의 존재가 깊이 관련되어 있다는 것은 흥미로운 일입니다.

현재 과학적으로 측정할 수 있는 달의 위력은 인력이나 자장(磁場)이라 합니다. 가령, 자장만을 생각하더라도 인체에 미치는 영향은 큽니다. 어깨나 허리에 작은 자석을 부착시켜 어깨 결림을 줄인다든가, 혈액의 흐름을 좋게하는 건강의료기가 있을 정도이지만 달의 위력은 자석보다도 훨씬 거대한 것입니다.

유명인의 교통사고도 상현달 영역과 하현달 영역에 집중되어 있습니다.

비트타케시 씨가 오토바이사고를 내고, 생사의 갈림길에

서 헤맨 것은 1994년 8월 2일의 하현달 영역이었습니다. 천재 FI 드라이버의 이름을 남용한 아일턴 세나 씨가 레이스 중 사고로 돌아올 수 없는 사람이 된 것도 하현달 영역(1994년 5월 1일)이었습니다.

상현달 영역과 하현달 영역에서의 사건·사고의 많음은 놀라운 일입니다. 다른 달영역과 비교해서 현저하고, 고인(故人)의 달종족에 「상현달태생」과 「하현달태생」이 눈에 띈다는 기묘한 일치도 어쩐지 으스스 합니다.

그러나 달의 차고 이지러짐이 우리에게 미치는 것은 비극이나 불행뿐이 아닙니다. 상현달 영역에서 새로운 발견을 하고, 보름달 영역에서 사랑이 열매를 맺고, 하현달 영역에서 번영을 추구하고, 초승달 영역에서는 성과가 얻어지듯이 달은 사람을 행복하게도 합니다.

그렇지만 첫 키스가 몇 월 몇 일 이었는지, 이성과 함께 잔 날이 몇 월 몇 일 이었는지 그런 날짜를 보고해 주는 사람들은 적습니다. 결혼식만 하더라도 달의 차고 이지러짐과 직접 관련이 없습니다. 왜냐하면 결혼식은 본인, 아는 사이, 식장의 스케줄을 모두 합친 날짜이며, 절대로 결혼을 결심한 날이 아니기 때문입니다. 그렇기 때문에 자료로 사용하는 데이타는 아무래도 사건·사고가 되어버리는 셈이 됩니다.

보름달 영역에 높은 곳에서 뛰어내려 자살하는 일이 많이 일어나는 것은 이전부터 잘 알려져 있고, 유명인의 투신 자살도 보름달 영역에 집중되어 있습니다.

하현달 영역에서는 자살 사건은 비교적 적은 편입니다. 이 시기에는 사건·사고가 많이·일어나지만 스스로 목숨을 끊는 행위는 적은 편입니다. 다만, 미수 소동은 있습니다.

초승달, 상현달, 보름달, 하현달, 초승달로 영원히 반복하는「윤회」인 달의 차고 이지러짐이 우리들 몸과 마음을 자극합니다.

고양기(高揚期)에 크게 흔들리는 운명

당신은 앞의 장에서 자기의 달종족을 알게 되었을 것입니다. 네 가지 타입의 달종족은 이제부터 소개하는 대로 각각 기반이 되는 특성을 지니고 있습니다. 바이오리듬의 정체는 달의 차고 이지러짐에 반응하여 이 특성이 흔들리는 현상인 것입니다.

특히「고양기」라 불리우는 시기에 반응이 확실히 나타납니다. 태어났을 때와 같은 달영역을 맞이한 일주일간이 그 사람에게 있어서의「고양기」가 됩니다.

「초승달태생」이 초승달 영역을 맞이하고,「상현달태생」이 상현달 영역을 맞이하고,「보름달태생」이 보름달 영역을 맞이하고,「하현달태생」이 하현달 영역을 맞이하면, 그 사람은 고양기에 들어가 자기자신의 바이오리듬이 상하로 크게 흔들립니다.

고양기에 들어간 사람은 기반의 특성을 표면으로 나타내어 실력을 발휘합니다. 물론, 실력이 따르지 않으면 평소와 변함없습니다. 평소의 부단한 노력이 아주 요구됩니다. 고양기를 어떻게 보내고, 어떤 결과를 얻게 되느냐에 따라 장래가 잘 될 수도 있고 나쁘게 될 수도 있다면, 자신의 고양기가 언제인가를 의식하여 행동하는 일이 아주 중요합니다. 매달 반드시 꼭 찾아오는 이 시기에 과감한 생활을 해보는 것은 어떨까요? 달력에 당신의 고양기를 기입해 두면 편리합니다.

　고양기는 긍정적으로 작용하면 의욕넘치는 활력이 그대로 좋은 결과로 연결됩니다. 몸속 여기저기에서 힘이 넘쳐나고, 밤을 새도 끄떡 없습니다.

　반대로, 부정적으로 작용하면 몸이 무겁게 느껴지고 두통, 치통, 축 쳐진 탈력감, 혹은 때와 장소를 가리지 못한 채 졸리게 되어 수면밸런스가 깨어지고 건강도 깨지게 되어버립니다. 원인은 축적되어 있던 심신의 피로입니다. 달과 보조를 맞추더라도 그 위력을 처리해 나갈 수 없게되면 마이너스 현상이 나타나 집중력을 잃어버린 나태한 나날을 보내는 처지가 됩니다. 그러나 고양기에서 활동이 부진한 사람은 다음 주의 달영역이 돌아오게되면 상쾌한 상태로 돌아올 수 있기 때문에 걱정할 것은 없습니다.

의식하기 쉬운 고양기의 특징

① 들뜬다.

② 심신에 힘이 솟는다.

③ 수면밸런스가 깨진다.

④ 가슴이 두근거린다.

⑤ 몸이 근질근질하다.(＝몸이 쑤신다)

⑥ 이론만 앞서고 실지가 맞지 않는다.

⑦ 주위의 소리가 귀에 들어오지 않는다.

「고양기」를 시작으로 달영역은 일주일 단위로 변화해 갑니다. 앞장에서 설명한 대로 영역의 사이에는「공명대」가 나옵니다.

　확인 차원에서 한번 더 여기서 확인해보면, 초승달 영역

과 상현달 영역 사이의「공명대」는 상현달 영역의 영향아
래 있습니다. 마찬가지로, 상현달 영역과 보름달 영역의
「공명대」는 보름달 영역입니다. 보름달 영역과 하현달 영역
의「공명대」는 하현달 영역이고, 하현달 영역과 초승달 영
역의「공명대」는 초승달 영역의 영향아래 있습니다.

그렇다면 오늘이 어느 달 영역인지 책 뒷부분의「월령표
(月齡表)」로 알아보십시요.

과연, 당신이 소속되어 있는 달종족의 특성은 도대체 어
떻게 되어 있을까요? 또한, 그 길흉이 달의 모양에 따라 어
떻게 흔들려 갈까요? 순서대로 알아보도록 합시다.

의사고양기(擬似高揚期)

자기가 속한 달종족과 같은 달영역을 맞이한 일주일간이 그 사람의 고양기가 되는데, 자기가 태어난 달영역이 아닌데도 불구하고 고양기와 같은 징조를 보이는 경우를 의사고양기(擬似高揚期)라 부릅니다. 그러나 이것은 초승달태생만이 가지는 독특한 특징입니다.

하현달 영역내에 초승달 영역의 복제가 군데군데 뿌려져 있다는 식의 상상을 해 보십시오. 하현달 영역안에 초승달 영역의 구성물이 섞여 있는 것입니다. 하현달 영역에서 그것을 감지하고, 그것이 유발되어 초승달태생이 의사고양기를 맞이하게 되는 것입니다.

운세조견표

달종족	달영역	초승달영역	상현달영역	보름달영역	하현달영역
초승달태생 (해설 p42)	연애 · Sex	☆	○	◎	○
	대인관계	☆	×	△	◎
	일	☆	×	△	☆
	건 강	☆	×	○	×
	돈	◎	△	△	☆
	도 박	◎	×	×	○
상현달태생 (해설 p50)	연애 · Sex	○	☆	◎	△
	대인관계	×	☆	○	◎
	일	△	☆	◎	×
	건 강	×	☆	△	○
	돈	△	◎	◎	△
	도 박	○	◎	◎	×
보름달태생 (해설 p60)	연애 · Sex	◎	△	☆	△
	대인관계	×	○	☆	◎
	일	◎	○	☆	△
	건 강	△	○	☆	×
	돈	◎	○	◎	×
	도 박	×	○	☆	○
하현달태생 (해설 p68)	연애 · Sex	○	△	☆	☆
	대인관계	☆	△	◎	☆
	일	△	◎	○	☆
	건 강	○	△	○	☆
	돈	○	△	○	◎
	도 박	○	△	×	◎

(◎=대길 ○=길 △=소길 ×=흉 ☆=길흉혼합)

초승달태생의 base

힘, 파괴, 수확, 폭발력을 지닌 종족

「초승달태생」을 상징하는 핵심단어는 「수확」입니다. 「수확」에 필요한 것은 「힘」이며, 넓은 의미에서 정복, 쟁탈, 또는 파괴도 포함됩니다. 「초승달태생」은 전체 네 종족 중에서 가장 강한 폭발력을 지닌 종족입니다.

그러나 언제라도 그 힘을 자유로이 발휘하면 최고이겠지만 그러지도 못하는 것이 인간사의 어려움이겠지요. 「초승달태생」이 그 잠재능력을 발휘하는 것은 호조기와 저조기의 파도가 가장 높아질 때이며, 게다가 파도의 진폭은 아주 큽니다. 이 진폭의 크기야말로 「초승달태생」의 「힘」의 근원이며, 매력이기도 한 것입니다.

파도타기를 하듯이 높은 점에서 파도를 잡으면, 후에는 앞으로 앞으로 전진해 갈 것입니다. 누구도 멈출 수 없는 기세가 넘쳐나기 때문에 아군에게 있어서는 믿음직스런 존재이지요. 그 리더십으로 파벌의 장(長)으로 군림할 수도 있을 것입니다.

결점은 힘으로 무엇이든 누르려해서 적을 만들어 버린다는 점! 충고가 시기로 밖에 들리지 않을만큼 독재주의로 내달린다면, 실패했을 때에 모두에게 따돌림을 당하게 됨니다. 「초승달태생」은 올바른 방향으로 인도해 줄 파트너를 소중히 여기십시오.

달종족에서 보면 「상현달태생」의 상대가 최적! 냉정한 판단을 내려줄 수 있을 것입니다. 다만, 「상현달태생」은 「초승달태생」에게 깊이 관여되는 것을 싫어하기 때문에 일정한 거리를 유지하며 접촉하지 않으면 안 됩니다. 덧붙여 말하자면 「초승달태생」이 그 두목기질을 유감없이 발휘하여 부하가 생기는 종족은 「하현달태생」입니다.

또한, 「초승달태생」의 안에 있는 강함을 겉으로 나타내지 않는 사람들은 어떤 사람들일까요? 예를 들면 조직을 생각하는 조심성 때문에 한발자국 뒤로 물러서 버리는 소극적인 사람들입니다. 이러한 「초승달태생」은 히스테리를 부리기 쉽고, 때때로 치밀어 오르는 감정을 내면에서 처리하지 못한 채, 울적하기도 하고, 끓어오르는 참을 수 없는 감정을 때때로 느끼고 있습니다. 「나라면 이렇게 할텐데……」하는 비판정신은 너무 많아도 실행이 따르지 않기 때문에 뒤에서 궁시렁거리는 불만분자가 되어버릴 것입니다.

아무쪼록 가지고 있는 특성은 충분히 살려나가는 것이 상책입니다. 「초승달태생」의 역할은 「수확」이기 때문에 적어도 강심제가 될 정도의 행동력이 요구됩니다. 다소 강인한 만큼 환경을 휘저으며 활력을 찾아 보는 것은 어떨까요? 매널리즘의 타파, 활성화에 연계된다면 조직에 있어서도 필요한 존재로 인식될 것입니다.

● 초승달태생의 기본적 특성

질주하는 정열가·겉과 속이 분명한 과격한 기질

초승달태생은 사교가, 남에게 잘 대해 준다는 특성이 있습니다.

무리중에서 중심에 있던지, 아니면 무리의 바깥에서 소파벌(小派閥)을 형성합니다. 파벌 형성을 위해 사교가로서 수완을 발휘하며 남에게 잘 대해 줍니다. 바깥에서 유쾌하게 놀아도 집에서는 기분이 언짢아지는 타입입니다.

또한 지기 싫어하는 타입으로 성미가 과격하고 이익과 손해에 대해서 저돌 맹진(猪突盲進)합니다.

한번 마음 먹으면 주위가 보이지 않기 때문에 목표가 정해지면 한 우물만 팝니다. 지기 싫어하고 저력이 있기 때문에 방향을 잘 잡은 사람은 대성공할 것입니다.

만만치 않은 겉과 속이 분명한 특징도 갖추고 있습니다.

자기를 억누르는 타입의 사람은 성실하게 보여도 술이 들어가면 완전히 변합니다. 혹은 화나게 하면 태도가 완전히 변하는 분위기로도 알 수 있을 만큼 내면의 강함이 보였다 안 보였다 합니다. 이성에 대해서는 그런 격차를 무기로 좁힙니다.

초승달태생은 자신을 최고라고 여기고 행동하는 고집이 센 인간입니다.

자기가 세계의 중심인 것입니다. 머리가 좋으면 성공합니다만 교활하고 인색한 인간으로서 소외당하게 될 위험성도 빠뜨릴 수 없습니다. 남을 공략하는 일조차 서슴치 않는 책략가이기도 합니다.

금전욕(金錢欲)과 물욕(物欲)이 강하고, 눈앞의 쾌락을 추구하는 정열가라고 하는 일면도 있습니다.

어떻든 탐욕스럽습니다. 때로는 남의 것조차 빼앗아버리는 강한 탐욕으로 그것을 좋지 않게 여기는 사람들로부터 미움을 받습니다. 연애에도 탐욕스러워 사랑에 몰입하는 정열가입니다.

그리고 초승달태생은 변덕쟁이! 변덕스러운 기분으로 주위를 맘대로 농락합니다.

이렇다 할 이유도 없이 자기가 하고자 하는 방향으로 생각없이 무심코 나아가서는 갈피를 못잡아 헤매기 쉽고, 여기저기 질질 끌려다니는 사람들에게 있어서는 귀찮은 존재가 될 지도 모릅니다.

악운(惡運)이 세다는 소문이 날 지도 모릅니다.

악운이 세다함은 특이할 만한 일이며, 어떤 일이 있어도 자기 실속은 차립니다. 다만, 기사 회생(起死回生)은 있어도 도박의 깊은 관여는 손실의 화근입니다.

● 초승달태생이 초승달 영역에 든 경우

호·저조기가 극단적으로 확실히 나오는 고양기

「초승달태생」이 고양기를 잘 타면, 두려울 게 없습니다. 특히, 돈벌이에 안성맞춤인 일주일간 입니다. 흐름을 타고 있다고 느낀다면, 실패를 두려워 하지 않고 계속 도전하면 성공합니다. 도박에도 강한 승부욕을 발휘하지만 물러날 때가 중요합니다. 그러나 불과 하나라도 저조됨이 있다면 메모해 두는 편이 좋겠죠? 그것은 정반대로 바뀌는 적신호 입니다.

원래, 기복이 있는 초승달 종족이기 때문에 고양기에 호 저조가 확실히 나옵니다. 호조기에는 몸이 가볍고, 움직임이 민첩합니다. 기분은 상쾌하고, 집중력이 지속되고, 능률이 오릅니다. 우정, 연애, 일 등 모든 일이 잘 되어 갈 것입니다. 크나큰 야망을 발견하여 마음 저 밑부터 들뜹니다. 갑자기 웃고 싶어진다든가 수다를 떨게 되는 경우도 있지만 세상살이는 시시한 얘기들 뿐이고 자칫하면 남의 소문이나 욕으로 꽃을 피우기도 합니다.

저조기에는 아침 일찍 일어나기가 귀찮아지고 하루종일 꾸벅꾸벅 졸게 됩니다. 의욕이 생기지 않는 하루하루를 보냅니다. 삭막하고 메마른 생활로 날이 새고 지고, 갑자기 마음이 초조하게 됩니다.

● 초승달태생이 상현달 영역에 든 경우

균형은 잡을 수 있으나, 실수하기 쉽다

「초승달태생」의 가장 큰 약점은 「힘」을 조절하지 못한다는 점! 언제든지 적확하게 그「힘」을 쓸 수 있으면 좋겠지만 이내 과격해집니다. 그러나 상현달 영역에 들면 「힘의 배분」이 이루어져 평균화(平均化)됩니다. 난폭한 행동은 사라지지만 그렇다고 평균화가 반드시 좋다고는 할 수 없습니다. 실패가 줄어드는 만큼 크게 성공할 가능성도 줄어들게 됩니다.

또한 상현달 영역은 차분히 모든 일들을 생각하게 되는 시기이기도 합니다. 생각하는 「초승달태생」은 주위에서 보면 기운이 없어 보일지도 모릅니다. 건강면에서는 부상에 주의하십시오. 도박은 저조합니다. 연애운은 그다지 좋지는 않지만 애인과의 섹스는 신선합니다.

한편, 「초승달태생」에게 있어서 상현달 영역은 고양기(高揚期)를 넘긴 직후인 만큼 심신에 힘이 빠져 있습니다. 그에따라 사사로운데서 어처구니 없는 실수를 저지르는 경향이 있습니다. 약속시간을 잘못 알아서, 혹은 약속한 사실조차 잊어버리고 공사(公私)에 지장을 초래하게 되는 경우도 있습니다.

● 초승달태생이 보름달 영역에 든 경우

충동적인 섹스를 저지르는 일주일

「초승달태생」은 보름달 영역에서 「생식(生殖)」의 사인 (sign)을 받아들입니다. 이성에게 관심을 가지고 매력적인 행동에 신경을 쓰는 경향이 있습니다. 이성에 대한 어필은 강합니다. 「강함」에 대한 자신감이 표정을 밝게 합니다. 섹시한 사랑을 추구하며 몸을 거듭 맞춥니다.

초승달태생은 변덕스럽긴해도, 사람을 이끌어 가는 리더십을 갖추고 있기 때문에 이성의 정복, 약탈도 해 버립니다. 충동적으로 사랑을 저지르는「초승달태생」은 순간의 쾌락을 탐합니다. 불륜이나 도피행각에까지 이르는 위험한 섹스에는 조심하셔야 합니다. 보름달 영역의 사랑은 주위 시선도 아랑곳 하지 않는 맹목적인 것입니다. 주위사람들의 반대가 이해할 수 없으며, 모든 것을 버리고 단편적인 육체적 사랑을 위한 결과, 후회하는 경우가 아주 많습니다. 게다가 보름달 영역은 임신할 가능성이 높기 때문에 주의가 특별히 요구됩니다.

사생활면에서는 느긋한 일주일 입니다. 여행은 좋습니다. 특히 연애는 최고조기 입니다. 도박은 감정에 좌우되어 무모한 내기를 저지르게 되기 때문에 잘 되지 않습니다.

● 초승달태생이 하현달 영역에 든 경우

마음 씀씀이가 좋아 대화에 꽃을 피운다

자기 독단으로 오로지 돌진하는 타입인「초승달태생」은 하현달 영역에 들면 주위에 신경을 씁니다. 마음 씀씀이는 우애(友愛)라고 하는 면에서 보면 플러스도 작용하지만 무기력하게 보여지면 마이너스로 작용할 수도 있습니다. 적대하는 사람들에게 그게 한계라고 생각되게 하거나 또는 아래서 맴돈다고 판단되어 공격당하면 이제까지 쌓아올린 실적이 흔들일 수도 있습니다.

이익이나 손해 따위를 떠나 파티를 열기도 하고, 각종 모임에 참가하는 일은 하현달 영역이 가장 적합합니다. 친구나 잘 알고 지내는 사람과 친하게 접할 수 있습니다. 이성과 서로 알게되면 대화가 즐겁겠죠? 도박운은 고만고만하여 큰 손해를 보지 않지만 크게 버는 일도 없을 것입니다. 건강면에서는 교통사고에 조심하십시오.

한편 융화성(融和性)을 지닌 하현달 영역은 이웃한 초승달 영역의 영향을 받아 의사적(擬似的)인 초승달 영역으로도 됩니다. 그 때문에 초승달태생 중에는 고양기가 찾아오는 사람도 있습니다. 이처럼 초승달태생은 다음에 찾아올 본래의 고양기인 초승달 영역과 합쳐진 긴 고양기를 체험할 수 있기 때문에 대성공을 꿈꾸는 사람도 많을 것입니다.(의사고양기(擬似高揚期)→p40참조)

상현달태생의 base

공정한 배분. 자존심이 강한 예술가적 종족

「상현달태생」을 상징하는 단어는 「배분」입니다. 수확물의 보관, 관리, 처리 능력이 뛰어나고 압력에 굴하지 않고 공정하게 「배분」하는 성실함이 있습니다. 「상현달태생」은 주위사람들에게 아첨하는 일 없이 정확한 판단을 내릴 수 있는 강한 의지력을 지닌 종족입니다.

본디 권력과는 친하지 않으며 특히 도리에 어긋나는 사람이라 판단되면 비록 조직의 상층부에 있어도 반기(反旗)를 듭니다. 자신이 시인하지 않으면 어느 누구에게든지 대드는가 하면, 충성을 맹세한 사람에게는 절대 복종하는 편입니다. 얻는 것보다 부(富)의 배분을 바라며, 이익이나 손해의 감정따위에 관계없이 일하기 때문에 세상사람들로부터 괴짜라 여겨질 수도 있습니다.

집단속에 매몰되는 것을 싫어하는 「상현달태생」에게는 바깥으로부터의 전체 모양을 파악하고 사람의 재능을 꿰뚫어 보는 눈과 적재 적소에 배치시킬 수 있는 능력을 갖추고 있습니다. 다만, 조직을 통솔하는 지도력이 부족하기 때문에 참모적인 입장을 부여받지 못하면, 그 능력을 충분히 발휘하지 못할 것입니다.「상현달태생」은 공동작업보다 개인기에 능한 예술가타입 입니다.

　자존심이 강하고 소박한 생활을 좋아합니다. 보통 때는 조용해도 상대에게 대항하려는 기운이 강하고 걸어온 싸움은 반드시 상대해야 하는 편입니다. 냉철하면서도 열정적입니다. 섬세하면서도 대범합니다. 부당한 일에 저항하는 정신이 강하면서도 순종적입니다. 양의 탈을 쓴 늑대라 할 수 있겠죠?

　물욕도 금전욕도 없다는 특징은 커다란 결점이 되는 수도 있습니다. 집착력이 없다면 어떤 일에도 빠져들지 않기 마련입니다. 예를 들어 먹는 것은 무엇이든지 좋아하는 사람은「지금 제일 먹고 싶은게 뭐지?」하고 물어도 대답은 망설여집니다. 이성관계 또한 마찬가지로 누구를 막론하고 금방 좋아지기 때문에 정말 자기가 좋아하는 사람이 누구인지 언제나 망설이게 되는 것입니다. 게다가 공평한「배분」의 입장에서 사람과의 교제를 같은 거리로 둔 나머지, 그것이 연애에도 관계하게 됩니다.「정의 고독」을 이해하는 자로부터는 압도적인 지지를 받지만, 수줍음을 잘 타고 세상살이(＝처세)가 서툴기 때문에 지지를 받아도 끝가지 살릴 수 없습니다.

　이런「상현달태생」과 상성이 맞는 것은 모든이들에게 따뜻한 온정을 지닌「하현달태생」입니다. 가까이 하지 않고 이내 피해 버리는 것은「배분」을 무시하고「쟁탈」하려하는「초승달태생」입니다.「초승달태생」의 이성이 다가서면 억지가 센 성격에 눌려, 앞뒤 생각없이 갈피를 못잡는 일면도 있습니다.

　「배분」의 특성이 자칫하면 자신을 분산시켜 버리는「상

현달태생」의 과제는 사랑이든, 일이든 집착할 수 있는 대상
을 빨리 발견하여 거기에 집중하는 일입니다.

◑ 상현달태생의 기본적 특성

고립하는 독설가(毒舌家). 의리인정에 약한 소탈한 성격

상현달태생은 반조직형의 인간으로 주위사람들에게 아첨 부리지 않는 특성이 있습니다.

부도덕적인 것은 반대하며 타협하려 들지 않습니다. 너무 곧고 정직하기 때문에 미움을 받진 않지만, 집단으로부터 고립되기 쉽습니다. 게다가, 비유하는 말이 너무 극단적이기 때문에 독설가로 여겨지기 쉽습니다.

상현달태생은 엉뚱한 데 열중하기 때문에 상대하기 어려운 사람이라 여겨지는 경우도 있습니다.

통찰력과 직감력이 뛰어나며 정보를 정확하게 파악할 수 있기 때문에 참모자리에 적합합니다. 부정을 싫어하는 착실한 노력가이기도 하지만, 융통성이 다소 부족한 편이므로 주위사람들의 눈에는 상대하기 힘든 사람으로 비치기 마련입니다.

또한 개척정신이 풍부하고 독창성이 뛰어난 것도 특징입니다.

개척정신이 풍부하여 언제나 개혁을 추구합니다. 선견지명(先見之明)이 있고, 창조력이 있어 발상의 스케일이 크고 비범합니다. 다른 달종족과는 모든 방면에서 시점이 다릅니다.

표면적으로는 냉철하지만, 정에 약한 단점이 실패로 어어지기 쉬운 일면이 있습니다.

절도있게 행동을 하더라도 의리, 인정에는 약한 편이며 세밀한 작전을 세우는데 비해 실천은 세밀한 작업을 잘 해내지 못합니다. 안과 밖의 갈등에 괴로워하는 타입입니다.

그리고 상현달태생의 친구관계는 넓지만 얕으며, 일로서는 자립을 꿈꿉니다.

상대방의 불성실함을 싫어하고, 속박을 싫어하기 때문에 깊은 관계를 맺는 것은 성질에 맞지 않습니다. 게다가 엘리트를 싫어해서 이익 손해를 무시하고 행동하며, 다른 사람을 밀어제칠 정도의 기백은 모자라기 때문에 출세가 어렵고, 일에 질리게 되면 자유를 찾아서 독립을 추구하게 됩니다. 또한 도박만 하더라도 빠져드는 일이 빠르고 질리는 일도 빠른 털털한 성격일 것입니다.

연애면에서는 새로운 상대가 나타나면 분별없이 연애감정을 품습니다.

변덕스러운 고로 애인이 많다고 여겨지지만, 실제로는 좋아하는 상대에게 거리를 두기 때문에 짝사랑이 많은 편입니다. 그런데도 싫은 상대에게도 강하게 유혹당하면 거절하지 못한 채, 향락에 빠지기 쉽습니다. 그렇지만 그런 상대와는 오래가지 않겠죠?

◐ 상현달태생이 초승달 영역에 든 경우

우유 부단해지기 쉬운 시기

「상현달태생」은 초승달 영역에서 「파괴」의 사인(sign)을 받아들입니다. 게다가 그 밑바닥에 숨은 「배반」의 냄새를 발견하고 경계심을 더욱 강화합니다. 적극적인 화해법을 취하면 좋겠지만 「상현달태생」은 소극적인 해결을 바랍니다. 결국 「배반」을 두려워한 나머지 마음을 닫아버리고 우유 부단해지는 경향을 보입니다.

「상현달태생」은 신념을 일관하는 외골수적인 기질을 강하게 지니고 있기 때문에 약탈은 물론, 금전욕이나 물욕으로 가득찬 공리주의적(功利主義的)인 사람을 경계하는 경향이 있습니다. 그런 사람들의 빤히 들여다보이는 속임수를 그냥 넘겨버리면 강한 반발을 보여서 주위사람들을 놀라게 하는 수도 있습니다. 그러나 그도 이도 「개성」이라는 특성이므로 자신만 가지고 행동한다면, 결과적으로는 깊은 신뢰를 가지게 되며 이해해 주는 사람들을 하나하나 늘릴 수 있겠습니다.

도박운은 자료를 토대로 한 한 번의 승부가 길합니다. 대인관계는 서먹해지기 쉽습니다. 연애는 바깥에서 하는 데이트로 모험이 얽히면 더욱 좋겠습니다. 일에 있어서는 상사와의 갈등이 있는 경우에 순순히 따라가는 편이 상책입니다.

◐ 상현달태생이 상현달 영역에 든 경우

극도로 불안하고 억센 고양기

상현달 영역에서 불안이 심해지는 종족은 「상현달태생」
뿐입니다. 그 때문에 대조적으로 주위사람들에겐 단정치
못한 존재로 보이며, 지나친 행동을 하기 쉽습니다. 평소의
냉정한 판단력을 상실하고 억세지기 때문에 평소에 친하게
지내던 선배나 상사에 대해서까지 말대꾸를 해버리는 수가
있습니다.

팀워크를 필요로 하는 일에서는 참신한 아이디어가 떠올
라 좋겠지만, 협조성이 결여된 점은 좋지 않습니다. 개인적
인 일은 성과가 양극에 서게 됩니다. 연애운은 좋고 나쁨이
반반이지만, 섹스는 비교적 즐겁습니다. 건강면에서는 몸을
혹사시켜도 무리가 가는 줄 모릅니다. 어처구니 없는 사고
에 주의하십시오. 도박은 혼자서 대승할 시기입니다.

「상현달태생」에게는 드물게 들떠서 어린아이처럼 행동하
는 것도 고양기가 되면 더욱 심합니다. 어린아이처럼 되어
가는 퇴행현상(退行現狀)은 어설픈 응석으로 표현방법이
독특하기 때문에 일어납니다. 전체적으로 차분하지 못해서
상대가 말을 하면 단번에 이해하지 못하고 말하는 화제도
얼렁뚱땅 두서가 없습니다. 중요한 결단은 보류하십시오.

◑ 상현달태생이 보름달 영역에 든 경우

체력이 떨어지고 사람이 더욱 그립습니다

보름달 영역에서는 어느 달종족이나 관계없이 고양기에 빠집니다. 보름달을 「success moon」이라 부르는 것은 이러한 우주 의식으로 맺어지는 기간이기 때문입니다. 그런 시기에 오직 정신면에서 안정하는 것이 「상현달태생」입니다. 보름달 영역에서는 정신상태가 가장 차분한 안정을 보이며 두뇌회전이 빠릅니다. 그만큼 주위의 열띤 의견에 동조하지 못하고 무시한 결과 고립되는 수도 있습니다. 그러나 보름달 영역은 삐뚫어진 마음을 부드럽게 감싸줍니다. 싸우는 일 없이 잘 다스릴 것입니다.

건강상태는 체력의 저하가 보입니다. 대인관계는 그럭저럭… 연애는 섹스를 포함하여 즐거울 것입니다. 도박은 계속해서 호조기를 달립니다.

보름달 영역에서는 「상현달태생」만이 정신적으로 고양될 수 없기 때문에 동료와 어울리지 못한 채, 따돌림 당하는 소외감, 사람이 더욱 더 그립습니다. 냉정하고 침착함이 화가되어 더욱 침울해지는 경우도 있습니다. 풀이 죽어 침울해 있지만 말고 외로운 것은 누구나 마찬가지라고 마음먹고 행동해 보는 것은 어떨까요? 길을 가다가 고양기의 사람들을 만나면 즐거운 일을 기대할 수도 있습니다.

◑ 상현달태생이 하현달 영역에 든 경우

행운이 나쁘게 옮겨질 때

「상현달태생」은 하현달 영역에 있을 때, 주위로부터 사랑받습니다. 의리와 인정을 아주 중요시하고, 배신을 온당케 여기지 않는 특성에 하현달 영역에서 관대함이 더해지면 사랑받는 것도 당연한 일! 그러나 응석부리기가 서툴고, 간섭을 싫어하며, 독립 독보(獨立獨步)를 좋아해서 모처럼의 기회를 맘껏 활용하지 못하고 그저 약간의 행복한 기분에 빠지는 일로 끝내버립니다.

하현달 영역의 종반쯤되면 초조감을 느끼기 시작합니다. 거북하고 싫은 초승달 영역이 다가오기 때문입니다. 초조해짐으로 인해 실수가 많아지는 것을 시작으로 지금까지 좋았던 것이 나쁘게 바뀌어 갈 것입니다.

연애는 사랑을 강하게 주장하지 않으면 연인에서 친구사이로 떨어질 것입니다. 건강면에서 걱정하실 것은 없지만 교통사고에는 주의하실 필요가 있습니다. 도박은 이제까지의 행운이 불운으로 바뀌고, 금전운도 나빠져 버립니다.

「상현달태생」에게 필요한 것은 남을 이용하는 것이 결코 비겁하지 않다는 것을 아는 일입니다. 사람은 무시당하는 것보다 믿어주는 편이 훨씬 기쁘기 마련입니다.

보름달태생의 base

생식과 출산·꿈 많은 수동적 종족

「보름달태생」을 상징하는 단어는 「생식과 출산」입니다. 「생식」에 유리한 특성을 갖추고 있다는 것은 대단한 일입니다. 즉, 「보름달태생」은 친숙한 용모를 지니고 있으며, 상대방에게 좋은 인상을 주는 「사랑스런 달종족」입니다. 그다지 노력을 하지 않더라도 주위의 도움을 얻어 무난히 살아 나갑니다. 이때다라고 여길 때 더욱 더 좋아지며, 첫 시작은 호조(好調)로 순조롭게 정상까지 다다릅니다. 그러나 큰 뜻을 품더라도 안 보이는 데서의 꾸준한 노력이 싫기 때문에 실력부족이 느껴지기도 합니다. 센스로 처리한 시작은 좋다하더라도 한 번 실패를 보인 순간에 「빛좋은 개살구」라는 평가가 정착 될 지도 모르며, 그렇게 되면 또다시 신뢰를 얻기까지 약간의 고생이 필요할 것입니다.

질투심이 강하고 상처입는 것을 몹시 두려워하며, 남들에게 어떻게 보일지를 필요이상으로 신경쓴 나머지 항상 별탈없이 무난한 선택을 해 버립니다. 명예욕에 지배당하면서도 만사(万事)에 확실하고 위험없이 나가는 것이 「보름달태생」입니다.

레벨보다 높은 생활을 바라면서도 수비는 철저한 겁쟁이입니다. 공상이라 하더라도 생각할 수 있는 꿈을 가지며, 이상을 높이 세운데 비해 말 뿐으로 끝나버리는 태평꾼! 자신을 가꾸는 돈은 쓰더라도 희생이 되어서까지는 남을 돕지 않는 편입니다. 정의감은 불타지만 실행이 따르지 않기 때문에 자칫하면 인정미 없는 사람으로 여겨질 수도 있습니다. 남을 위해 애쓰는 것보다 봉사받는, 반하는 것보다 남이 자기에게 반하길 바라는 수동적 타입으로 자연히 주위의 격려를 받아 금전과 물욕의 좋은 연분을 만납니다.

「보름달태생」은 첫인상에 있어서는 모든 종족으로부터 무조건 호감을 가지게하는 행운의 종족입니다. 그럼에도 불구하고 막상 사귀기 시작하면 감정이 일방통행(一方通行)이 되기 쉬우며, 겨우 친숙해진 상대를 주저하게 만듭니다.「보름달태생」이 온화하면서도 냉정하고, 냉정하면서도 온화한 양면의 인상을 주는 것은 「생식」과 「출산」이라는 특성이 공동작업(共同作業)과 개인작업(個人作業)이라는 두 개의 극(極)으로 나누어져 있기 때문입니다.

남과의 만남을 전제로 하는 생식을 외향적이라 본다면, 출산은 내향적이라 볼 수 있습니다. 종족의 번영을 이루게 되어 있는 「보름달태생」은 최종적으로 제멋대로라고 여겨지더라도 도리없을 만큼 보수적인 경향을 보이고 맙니다.

호감도(好感度)가 높은 종족이지만 표면적으로 사랑받는 것만을 무기로 삼고 있으며 반감을 살 수도 있습니다. 끈기있게 내면을 갈고 닦는 일이야말로 진정한 아름다움을 얻을 수 있을 것입니다.

○ 보름달태생의 기본적 특성

화려한 견실파 · 용기있는 허무

보름달태생은 처음부터 상대방에게 호의적으로 보여지는 특성이 있습니다.

비록 미남, 미녀의 용모는 아니더라도 멋이 있는 자태를 하고 있습니다. 그리움의 대상이 되가 쉬운 보름달태생은 짝사랑의 대상이 되는 경우도 많은 달종족입니다.

필요이상으로 남을 의식하여 외모를 꾸미지만, 의외로 견실파(堅實波)이기도 합니다.

밖에서는 화려하고 야하게 치장하더라도 가정에서는 서민적인 생활을 추구하는 견실파(堅實波)이며, 최고의 행복을 가족으로 삼는 마이홈(my home)형! 집에 돌아오자마자 옷을 벗어버리고 겨우 본래의 자신으로 돌아왔다고 한숨을 내쉽니다.

보름달태생은 보수적이며, 주위로부터 추앙받지 않으면 일이 진척되지 않는 면도 있습니다.

혼자서의 행동은 수수합니다. 누군가에 의해 떠밀리지 않으면 전진하지 않는 편입니다. 게다가, 얼마간의 보증을 붙여 유혹당하지 않으면 좀처럼 움직이려 하지 않습니다. 주위사람들에 대한 의존성이 강한데 비해 제멋대로 구는 경향이 있습니다.

몽상가 같으며 타산적이고, 혼자서 행동하는 용기가 부족합니다.

일단 현실에 만족하고 있으며, 커다란 꿈을 가지고 있더라도 손해를 볼 때까지는 꿈을 쫓지 않고 공상으로 끝냅니다. 결혼하자마자 안정성을 찾아 조촐하고 아담한 생활을 하는 타입입니다.

또한 독단과 편견으로 가득찬 인생관을 가지고 상대에게 완벽을 바라는 특성도 보입니다.

자기자신이 그다지 고생하지 않았기 때문에 상대의 환경 또한 그러하리라고 생각해버려 위화감을 일으키는 경우가 있습니다. 무의식중에 상대의 결점을 찌르기 쉽습니다.

그리고 보름달태생에게는 어딘지 모르게 허무함이 따라다니는 것처럼 보입니다. 친숙해지기 쉬운 속에 어딘가 허영이 살짝 엿보이며, 허무감이 아른거립니다. 말과 행동에 모순이 있으며, 깊이 있는 통일성이 부족합니다.

승부에 강하고, 확실하고 위험한 것에는 뛰어들지 않는 보름달태생은 도박에서도 크게 실패하지 않습니다.

도박은 확실한 것만 하니까 좀처럼 지지는 않습니다.

○ 보름달태생이 초승달 영역에 든 경우

모험으로 뛰쳐나온 파벌의 시기

자기보존본능(自己保存本能)이 강한 「보름달태생」은 자칫하면 자기세계에 틀어박히는 경향이 보입니다. 그런 「보름달태생」이 초승달 영역을 맞으면 껍질을 깨고 적극적으로 행동합니다. 소위 권총의 안전핀이 빠진 상태이기 때문에 자칫 잘못하면 폭발할 위험성이 있으며, 많은 경험을 하게 될 것입니다.

연애에는 진전이 있을 것입니다. 금전운도 최고입니다. 도박은 철저하게 붙지 않기 때문에 삼가는 편이 좋을 것입니다. 건강은 별로이군요 중상(中傷)을 입는 것을 두려워한 나머지 평소에는 남을 비판하지 않는 타입이지만, 이 시기에는 이상하게도 시비를 걸고해서 대인관계에 약간의 파란이 일어날 것입니다.

그러나 다소의 적(敵)을 만드는 일도 불사(不辭)의 각오로 모험함으로서 행운의 문이 열리고, 금전과 물욕과 좋은 연분이 맺어집니다. 소질은 있어도 그것을 살리지 못하는 사람이 결국은 성공할 수 없듯이 그저 수동적인 자세만 취하면 저절로 한계가 보이기 마련입니다. 초승달 영역에 들었다면 적극적으로 행동하여 행운을 불러들이십시오!

○ 보름달태생이 상현달 영역에 든 경우

집중력이 생기는 숙고(熟考)의 일주일

「보름달태생」에게 있어서 상현달 영역은 자기개발에 적합합니다. 그것은 상현달 영역으로부터 「배분」의 사인(sign)을 읽어내기 때문입니다. 이 일주일간은 차분하고 깊히 생각하십시오. 과연 나는 누구인가, 어째서 이렇게 살아가고 있는가, 앞으로는 어떻게 살아가야 하는가, 또는 애인과의 미래는 어떻게 될까 등등 말입니다.

정신을 집중시킬 수 있기 때문에 끝까지 읽지 못했던 장편소설의 독파, 볼 기회를 놓친 명화의 비디오감상이라도 하게되면 그 안에 포함된 이미지를 발견해 낼 것입니다. 그것이 자기의 재발견과 연관된다면 상현달 영역을 잘 보낸 증거가 될 것입니다.

일, 대인관계, 건강에 대해서는 만족스럽지는 못하나 고만고만합니다. 연애는 느리게 진행되지 않습니다. 도박에서는 성공을 부를 수 없을 것입니다.

상현달 영역의 「혁신」의 사인(sign)에 변화를 추구하고 싶지 않더라도 솔선해서 일어나는 것은 피하고 싶지 않겠죠? 왜냐하면 「보름달태생」은 「보수」야말로 평화로운 길을 고생없이 걸어갈 수 있습니다. 행동을 일으켜야 할 때에는 초승달 영역이 바람직합니다.

○ 보름달태생이 보름달 영역에 든 경우

성적매력이 강한 고양기

보름달 영역을 맞이한「보름달태생」은 고양기로「생식과 출산」에 몰두하게 됩니다. 보름달 영역의 일주일간에 자연 분만의 출산 건수가 눈에 띄게 많아지는 것은 이 사실을 증명해 줍니다. 상징적인 보름달 영역에 있어서 생명체 활동의 근본인「종족번영」에 가장 뛰어난「보름달태생」은 이성에 대한 성적매력이 가장 전달되기 쉽고 나아가서는 쾌락에 빠져 밤을 보낼 것입니다. 아무쪼록 임신에 주의를 기울이십시오.

보름달 영역에 들면 맥박이 빨라진다고 하는 사실은 헤모글로빈의 흐름도 활발해짐을 뜻합니다. 그것이 육체의 흥분으로 연결되어지는 것입니다. 또한, 문명이 발달할 무렵부터 태양이 남성, 달이 여성으로 간주되어진 대로 이 시기에 월경을 하는 여성이 많고 월경전의 섹스에 쾌감을 느끼는 것은 말할 필요도 없습니다.

금전운은 최고입니다. 원래는 꾸준히 확실한 도박에 강함을 발휘하는「보름달태생」이지만, 고양기는 한 번의 승부로 끝내줍니다. 정보보다 육감으로 승부를 거는 편이 승전보를 불러들일 것입니다. 대인관계, 일, 건강은 양극단을 달려 길흉이 섞여 있습니다.

○ 보름달태생이 하현달 영역에 든 경우

번영을 추구하고 교제는 화려하게

「보름달태생」은 하현달 영역의 달 사인(sign)에 호응하여 소위 「양육」의 시기에 들어가서 평화로운 번영을 추구합니다. 게다가, 전주(前週)인 보름달 영역에서 고양감에 빠진 반동으로 성충동(性衝動)이 감퇴하는 사실도 곁들고 해서 이성을 이성으로서 의식하는 경향이 약합니다.

「보름달태생」이 마음 깊은 곳에서 이성을 성적(性的)으로 파악하고 또한 상대에게서도 마찬가지로 의식되는 원인은 보다 좋은 자손을 남기려는 「종족번영」의 특성이 밑바닥에 숨겨져 있기 때문입니다. 상대방에게 호감을 가지더라도 무의식중에 그 상대를 저울질하여 한정된 사람만으로 마음을 허락하는 일은 그 때문입니다.

그러나 하현달 영역에서는 남녀관계를 초월한 유유 자적한 상태에서 폭넓은 받아들이기 태세를 갖추고 소탈하게 교제합니다. 그 결과, 대인관계는 활기차고 일은 서툴어지는 만큼, 노는 약속에 쫓겨 바빠지게 되는 수도 있습니다. 한편 연애면은 약간 휴식을 취합니다. 금전운은 저조합니다. 도박은 일진 일퇴의 공방을 거듭하여 시간낭비로 이어질 뿐입니다. 노는데만 집중해야 할 일주일이라 할 수 있을 것입니다.

하현달태생의 base

사랑 · 평화 · 번영 · 왕성한 쾌락주의 혈족

「하현달태생」을 상징하는 단어는「번영」입니다. 강제적으로 구속하여 얻은「번영」이 아니라, 어디까지나 공존공영(共存共榮)을 추구하는「사랑과 평화(love & pesce)」의 세계입니다.「하현달태생」은 평화를 사랑하는 온화한 종족입니다.

「하현달태생」은 대가족의 일원으로서 때로는 남을 잘 보살펴 주는 어머니역할, 때로는 가장으로서의 아버지역할을 합니다. 쾌활하게 행동하며 상대의 장점을 솔직하게 인정하고 점점 동료를 늘려가려 노력해도 막상 집단에 끌어 넣어 버리면 거만스럽게 보이는 것은 그 때문입니다. 그러나 그 모든 것은 활기차고 즐거운 환경에 감싸이고 싶어하는 욕구로부터 나오는 것이기 때문에 주위사람들에게는 남을 잘 보살펴 주고 인정미 넘치는 사람으로 여겨질 것입니다. 「하현달태생」은 여러 유형의 사람들을 모으는 흡인력이 뛰어납니다. 자연스럽게 모여지는 것이 아니라, 적극적으로 많은 사람들과 접촉하여 많은 친구와 동료를 얻습니다. 그 것 이외에는 그다지 주체성이 보이지 않으며 자신을 위하는 마음은 적은 편입니다.

파티, 여행, 회식 등의 이벤트를 기획하는 것을 좋아하고 집단행동을 즐깁니다. 이벤트에서는 스스로 솔선하여 즐기기도 하면서 한편으로 주위사람들을 염려하여 집중하지 못하고 손해보는 역할을 하기도 합니다.

호인(好人)이기도 하지만 유희도 알고 있어 짓궂기도 하고 놀림을 당하는 일에도 기쁨을 느끼는 초쾌락주의자(超快樂主義者)입니다. 쾌활한 작은 악당이라 할 수 있습니다.

일단 무엇이든 상대에게 맞추려고 하지만 평화로움을 깨드린 자에 한해서는 엄하여 자기 뿐만이 아니라 다른 동료에게도 따돌림 당하게끔 하여, 그 일로 인해 더욱 무리의 단결력을 강화시키는 무서운 일면도 있습니다.

지내기에 편안한 환경에서 살기를 원하는「하현달태생」은 모든 인간과의 영합을 추구합니다. 힘 앞에 굴복하여 안심하기 때문에 고집이 센 종족인「초승달태생」에 대해서는 두목, 부하의 관계를 맺어 종속하는 경향이 있습니다. 그것이 바로 권력에 저항하는「상현달태생」에게 미움을 받아 인상을 나쁘게 하고마는 원인입니다.

「하현달태생」은 단독으로 힘을 발휘하는 타입이 아니라서 집단으로부터 떨어지는 것은 좋지 않습니다. 환경을 살기좋게 하는 행위가 소속한 집단을 번영시키고, 그것이 결과적으로 자기자신의 지위향상으로 연결되는 것입니다. 조직 속에 있는 것이야말로 개성을 살릴 수 있기 때문에 자기희생이 매개가 되어 인정받는 것입니다.

◑ 하현달태생의 기본적 특성

시대조류를 잘 타는 사람. 가정적이며 애정이 깊다

하현달태생은 적재적소(適材適所)에 높이게 되면 실력이상으로 활약하는 특성을 가지고 있습니다.

기회를 잘 타기 때문에 흐름을 타고 본래의 실력을 유감없이 발휘합니다. 그러나 적응하는 실력은 있어도 자기에게 맞지 않는 환경을 근본적으로 뒤엎는 힘은 지니고 있지 않습니다.

집단내에서는 항상 추켜올려주지 않으면 마음이 내키지 않는 주목받고 싶어하는 사람입니다.

집단을 세차게 끌어당겨가는 것보다도 집단에게 사랑받는 것을 좋아하고 주목받고 싶어합니다. 노력한 일들은 전부 인정받지 못하면 불쾌하기까지 합니다. 또한 힘 앞에서는 굴복하면서도 상대를 잘 이용하는 작은 악마이기도 합니다.

원래의 줄기를 형성하는 체제파(體制波)에 속하며, 고립을 피합니다. 직접적으로 의견 대립을 보는 것이 아니라, 상대가 실패할 때까지 잠자코 기다리는 편입니다. 상대를 추켜올려주면서 자기도 인정을 받는 give & take의 원리원칙을 적용하지만, 어느샌가 take의 비율이 많아지는 타입입니다.

하현달태생은 센스가 있어 장사를 잘 한다는 특징도 있습니다.

남이 어떤 일에 기뻐할 것이라는 것을 잘 알고 있기 때문에 장사수완이 대단한 것입니다. 세상물정을 잘 알고, 그것을 잘 파악하여 장사에 솜씨좋게 활용합니다.

사람들과의 교제가 많으며, 실력이 없어도 위세만은 당당합니다.

재주많은 사람들에게 둘러싸여 실력이 없는데도 이내 위세가 당당해집니다. 그런 까닭에 하현달태생은 애정이 깊고, 가정적인 우애를 좋아합니다.

상대방을 어떻게 해서라도 잘 해주고 싶다는 상냥한 마음씨 덕분에 자주 상담을 받습니다. 남의 행복이 곧 자신의 행복이며 남의 불행 또한 자신의 불행이라 여기는 성격입니다. 이성관계는 애정보다 우정이 우선시 됩니다.

약점은 의지가 약하고 참을성이 없어서 한번 맛을 보면 쉽게 끊을 수 없는 것입니다. 그래서 금주, 금연 등 금욕생활은 잘 하지 못하고 도박도 손해를 보면서까지 좀처럼 끊지 못하는 의지약한 면이 있으니 특히 주의하십시오.

◑ 하현달태생이 초승달 영역에 든 경우

대인관계는 길흉이 극을 달린다

초승달 영역을 맞으면「하현달태생」은 의사적(擬似的)인「초승달태생」의 특성을 띠고 이단자(異端者)의 정벌에 들어갑니다. 집단을 좋아하고 생활근거지로 삼는「하현달태생」은 집단의 확목을 깨뜨리는 이단자는 용서할 수 없습니다. 무엇보다 폭력적인 행위를 하지 않고, 열심히 교섭하여 숫자의 위력을 구실로 복종을 강요합니다.

당연히 반발하는 사람도 나오게 마련! 대인관계는 길흉이 혼합되어 파란이 예상됩니다. 적대하는 집단의 수가 자기편보다 많아지면 역으로 궁지에 몰리게 되어 최악의 상태에는 익숙해진 집단을 떠나야 하는 경우도 생깁니다.

그러나「하현달태생」에게 있어 집단으로부터의 이탈은 결코 상책이 아니겠죠? 다른 집단을 확보하게 되었다면 또 모르지만 충동적으로 무모한 독립을 강행하게 되면, 후회의 나날을 보내게 될 것입니다. 아무쪼록 초승달 영역에서의 행동은 신중히 처신하지 않으면 안 됩니다.

연애면에서는 정체된 관계에서 결론이 내려지기 쉽습니다. 일에서는 내용이나 현실에 의문을 가진다면, 이렇다할 성과를 올릴 수 없습니다. 건강, 금전, 도박은 그럭저럭 고만고만합니다.

◐ 하현달태생이 상현달 영역에 든 경우

헤매기 쉬우며, 원기를 회복해야 할 시기

금전이나 인맥을 늘리는데 보람을 느끼는「하현달태생」은 상현달 영역으로부터「배분」의 사인(sign)을 받아들여 당황하고 헤매이게 됩니다. 왜냐하면 재산과 동료를 주위에 배치하지 않으면 마음이 가라앉지 않는「하현달태생」에게 있어「배분」은 가장 두려운 대상이며 피하고 싶은 존재이기 때문입니다.

그러나 상현달 영역에서는 그것을 두려워하여 자기자신의 서비스에 몰두하는 시기이어야 합니다. 누군가를 즐겁게 하여 어떤 이득을 보는 것보다 자기자신을 즐겁게 해보는 건 어떨까요? 예를 들어 건강운은 정말 좋지 않지만 친구나 가족과의 쇼핑으로 체력이나 시간을 낭비하는 것보다 풀장에서 수영하고 사우나에 가서 땀을 빼는 것이 심신의 피로회복에 좋은 결과를 얻을 것입니다. 미적미적하고 평범한 날에 활력을 불어넣어 평소와는 다른 시간을 보내는 것이 상상 이상으로 아주 중요합니다.

일에 영감이 떠오르면 장래 성공에로의 첫발! 그러나 다른 운세는 거의 저조하고 연애, 대인관계, 건강, 금전, 도박에도 성과는 없습니다.

◑ 하현달태생이 보름달 영역에 든 경우

만남이 많은 기회의 일주일

놀기 좋아하는 「하현달태생」이 본래의 기질을 발휘합니다. 보름달 영역에 싱숭생숭해져서 몰려드는 여러 이성과 사이좋게 지내게 될 찬스! 잘 논다는 장점을 가지고 승부한다면 주위사람들의 인기를 독점할 수 있을 것입니다. 그러나 너무 지나치게 노골적이면 연인이 아닌 좋은 친구로 여겨질 가능성이 있습니다. 그럼에도 불구하고 여기저기 쓸데없이 참견하면 삼각관계나 불륜의 위험이 있을 것입니다.

「하현달태생」이 가장 소중히 여기는 것은 사랑의 깊이가 아니라 사랑한 수(數)입니다. 많은 친구들이나 애인과의 우연한 만남으로 많은 사랑에 둘러싸이는 일이 「하현달태생」을 행복하게 만듭니다. 좋고 나쁨을 묻기전에 윤리적으로 문제있는 사랑은 여하튼간에 만남의 많음이 보다 좋은 반려자를 만날 확률을 높인다고 믿고, 적극성이 길(吉)로 나와 해피엔드가 되는 것을 원할 것입니다.

연애는 길흉이 존재합니다. 대인관계는 대단히 양호합니다. 건강면도 나쁘지 않습니다. 도박은 삼가는 것이 좋겠습니다.

◑ 하현달태생이 하현달 영역에 든 경우

계획성이 있으면 성공한 고양기

하현달 영역을 맞으면 「하현달태생」은 고양기로 들어갑니다. 마음이 들떠서 안정되지 않는 일주일을 보내게 될 것입니다. 기다릴 장소나 시간을 잘못 안다거나, 약속 때마다 실수를 저지르기 쉬우며, 무책임자로 인식되고 맙니다. 계획을 세우기 시작하면 점점 자신에게 좋은 방향으로 나아가 나쁜 결과만이 아니라 성공을 움켜쥘 계기가 되기도 합니다.

하현달 영역에서 흥겹게 지내는 것이 아주 좋습니다. 평소에 주위의 인기를 모아두면 어떤 손실을 주더라도 용서받을 수 있을 것입니다.

「한 가지 일을 많이하면 그 중에서 요행히 맞는 일도 있음」을 실천할 수 있는 것이 행동파인「하현달태생」의 강함입니다. 실패를 두려워한 나머지 그 행동력을 겉으로 드러내지 않으면 자기자신에게 커다란 손실이 되어버립니다.

연애, 대인관계, 일, 건강은 길흉이 혼합하고 양극을 달립니다. 도박은 승산할 운으로 돌아가서 크게 성공할 것입니다. 돈은 순조롭게 들어올 것입니다.

제4장 당신과 그사람의 상성의 추이(推移)·변화(變化)

상성(相性)은 변한다

인간은 태어나면서 타고난 상성(相性)이 있습니다. 「초승달태생」끼리 자연스럽게 사귀게 된다거나 「상현달태생」과 「보름달태생」이 웬지모르게 거리를 두게 되는 것은 태어났을 때 달로부터 운명지어진 숙명적인 상성입니다. 그러나 상성은 선천적인 숙명뿐이 아닙니다. 시간의 흐름과 함께 변화해 갑니다. 지난주에 부탁했을 때는 매몰차게 거절했던 동료가 이번주에는 간단하게 일을 해결해 주었다든가, 어제는 그렇게도 즐거웠었는데 오늘은 데이트도 뒤죽박죽 엉망이 되었다는 등 상성은 변해 갑니다. 그리고 그것은 달이 차고 이지러져 변화하고 있는 영향을 받고 있기 때문인 것입니다.

「초승달·상현달·보름달·하현달」 각각의 달은 그 당일을 중심으로 7일간 강한 영향력을 행사합니다. 그렇기 때문에 상현달 영역(상현을 중심으로 한 7일간) 즈음에는 사이가 좋지 않던 「초승달태생」과 「하현달태생」 커플도 다음주 보름달 영역(보름을 중심으로 한 7일)이 되면 잘 지내게 됩니다.

이 장(章)에서는 숙명적인 상성(相性)과 변화해 가는 상성을 나누어 자세하게 해설해 가고자 합니다. 상성의 좋고 나쁨을 결정하는 것은 물론 최종적으로는 본인들에게 달려 있겠지만 미리 사전에 파장이 일어날 시기, 맞지 않을 시기를 의식하고 있다면 그 마음가짐 또한 달라집니다. 책 끝부분의 「월령일정표」와 맞춰 활용하여 교섭 때나 연애의 진전에 아무쪼록 도움이 되었으면 합니다.

상성추이조견표(相性推移早見表)

당신 VS 상대	기본적인 상성(相性)	설 명 Page	상성 길흉의 변화			
			초승달영역	상현달영역	보름달영역	하현달영역
초승달태생 VS 초승달태생	☆	80	☆	○	☆	☆
초승달태생 VS 상현달태생	×	90	×	×	○	×
초승달태생 VS 보름달태생	◎	100	☆	×	○	○
초승달태생 VS 하현달태생	○	110	☆	×	○	☆
상현달태생 VS 초승달태생	×	120	×	×	○	×
상현달태생 VS 상현달태생	◎	130	×	☆	○	○
상현달태생 VS 보름달태생	○	140	×	☆	☆	○
상현달태생 VS 하현달태생	○	150	×	☆	○	☆
보름달태생 VS 초승달태생	◎	160	☆	×	○	○
보름달태생 VS 상현달태생	○	170	×	☆	☆	○
보름달태생 VS 보름달태생	○	180	☆	○	☆	×
보름달태생 VS 하현달태생	○	190	○	×	☆	☆
하현달태생 VS 초승달태생	○	200	☆	×	○	☆
하현달태생 VS 상현달태생	○	210	×	☆	○	☆
하현달태생 VS 보름달태생	○	220	○	×	☆	☆
하현달태생 VS 하현달태생	◎	230	×	○	○	☆

(◎=대길 ○=길 ×=흉 ☆=길흉혼합)

●초승달 VS ●초승달

당신　　　　　　상대

좋고 싫음이 분명 · 헤어질 운

일반적인 상성

「초승달태생」끼리는 서로를 끌어당기는 힘이 강할 뿐만 아니라, 자기주장이나 고집이 강하여 첫 대면에 좋고 싫음을 금방 알 수 있습니다. 또한, 호조기와 저조기의 진폭이 크기 때문에 서로를 알게 되었을 때는 쌍방의 인상이 아주 다릅니다.

처음 만나 의기 투합(意氣投合)하면 서로 상대를 최고의 파트너라 여기며 그대로 질주하지만, 원래가 변덕이 심한 달종족이어서 사소한 일이 원인이 되어 상황이 반대로 확 바뀌어 버립니다. 싸우고는 화해도 없이 그대로 뒤돌아 서기도 합니다. 일에 있어서는 서로의 아집이 부딪쳐 불꽃을 튀기며 의견 대립이 자주 일어납니다. 서로의 서슴치 않은 의견 투쟁은 회의 등의 매너리즘을 깨는 기폭제로서 좋은 방향으로 잘 나가면 뜻하지 않은 성공이 찾아옵니다. 호조

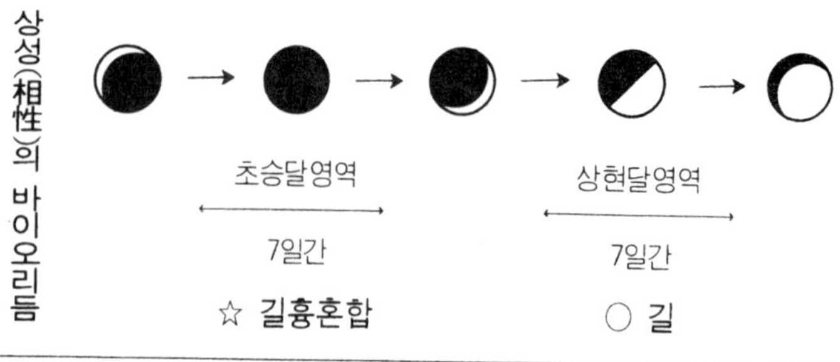

기와 저조기의 차이가 심한 「초승달태생 대 초승달태생」은 전체 열여섯 결합중 최대의 잠재능력을 지닌 결합이며 쌍방의 정점에 이르면 멋진 힘을 발휘합니다.

포인트

이 결합에서 성급한 결혼은 위험이 뒤따릅니다. 서로를 끌어당기는 힘이 강한 만큼 반발심도 강해집니다. 천천히, 오랜시간을 거쳐 신중하게 생각하는 편이 무난하겠습니다. 하지만 원래가 맹목적이며 저돌적인 정열가인걸 어떡합니까? 한 번 불꽃이 튀어버리면 어떤 장애물이 있더라도 그것을 제거하고 내사랑에게로 돌진해 갑니다.

연애에서도 사업에서도 「초승달태생」끼리 좋은 관계를 유지하기 위해서는 충돌을 피하는 방법을 강구하지 않으면 안 됩니다. 예를 들어 언제나 둘이서 만나지 말고 「하현달태생」의 친구를 세워서 몇몇의 사람을 더 모으게 하여 에너지를 분산시키면 어색하진 않을 것입니다. 아무튼 「초승달태생」은 상대를 억누르더라도 최고가 되고 싶어하는 독재자타입의 종속관계를 원합니다. 서로 상대방을 인정해 주면서 어느 쪽이든 한쪽이 지고 들어가십시오.

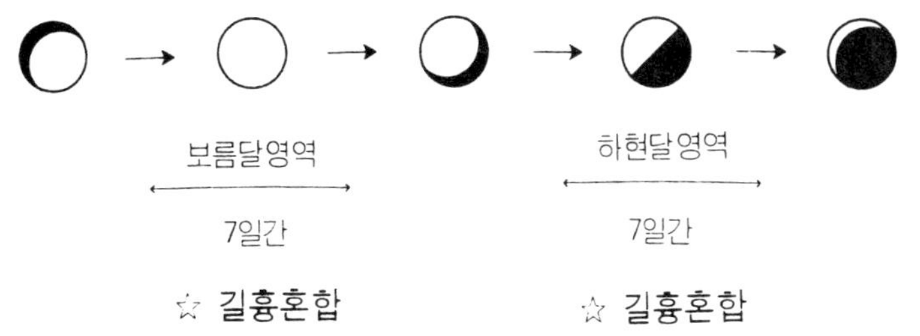

● 초승달
● 초승달 **& 초승달 영역의 상성(相性)**

—길흉 혼합(吉凶混合)

극단적·충동적인 욕망에 휩싸이는 일주일

초승달 영역을 맞은 「초승달태생」은 고양기(高揚期)! 고양기에는 달의 특성이 전부 나옵니다. 그러므로 이 일주일간은 갑자기 화를 벌컥 낸다든가, 웃는다든가, 공부나 일을 밤을 세워가며 열심히 한다든가, 장소에 관계없이 섹시해지고 싶다든가 하는 충동적인 욕망에 휩싸이면서 보내게 될 것입니다.(초승달 영역에서는 흉악한 사건이 많이 일어납니다)

원래가 호조기, 저조기의 차가 심하고 변덕스러운 「초승달태생」이 파트너로 「초승달태생」을 골라 맞이하게 된 초승달 영역의 일주일은 아주 극적입니다. 당신의 운명은 마치 급류에 떠내려가는 나뭇잎과도 같습니다. 이렇게되면 섣불리 저항하여 물가에 부딪치는 것보다 물이 흘러가는대로 몸을 맡기는 편이 나을 것입니다.

운명적인 만남, 구애, 프로포즈, 아니면 생이별 이 모두가 행복한 결말이 되기도 하고 저주할 사건이 되기도 하는 아무튼 극단적입니다. 최고일까 최악일까는 당신의 운명이 <길>하게 되길 바랄 뿐입니다.

단 한 가지 말할 수 있는 것은 맞이한 결말은 비디오테

입처럼 되돌려서 재생시킬 수 없다는 것! 그렇더라도 후회하지 마시기를…… 그리고 겁쟁이 또한 되지 마시길……

어드바이스

자기의 달 영역이 온다고 해서 반드시 고양감(高揚感)에 빠지는 건 아닙니다. 자주 졸립고 몸이 노곤해지는 시기입니다. 데이트만 하더라도 자신이 상태가 좋지 않다거나, 파트너의 상태가 별로 좋지 않으면 절정을 기대할 수 없을 것입니다. 이럴 때에는 무리해서 외출하지 말고 집안에서 휴식을 취하며 능력을 키워나가는 편이 좋겠습니다.

자신의 달 영역을 맞이하여 슬럼프를 느끼는 것은 심신의 피로가 그 원인입니다. 특히나 초승달태생은 그 잠재능력이 뛰어난 만큼, 그 반동으로서 축적된 피로감 또한 클 것입니다.

이 일주일동안 상대방이 품게되는 당신의 이미지

\<호의적인 경우\>	\<부정적인 경우\>
· 가장 좋은 사람	· 보는 것조차 불쾌하다
· 한결같다	· 자기 맘대로다
· 함께 걷고 싶다	· 말의 앞뒤가 맞지않다
· 자신에 넘쳐있다	· 허영꾼(겉치레꾼)
· 백마탄 왕자님	· 우물 안 개구리격
· 카리스마	· 거짓말쟁이
· 장래가 유망하다	· 욕심쟁이

● 초승달
● 초승달 & 상현달 영역의 상성(相性)

- 길(吉)

피로가 최고조 충전이 필요한 일주일

「초승달태생」은 지난주에 막 고양기를 보냈기 때문에 육체적, 정신적으로 피로가 최고조에 이릅니다. 상현달 영역에 들자마자 엉겁결에 실수를 저지르고 몇 번이고 되짚어 생각해봐도 얼굴이 붉어지는 크나큰 실수를 범하기 쉽습니다. 증상이 심하면 자기 몸을 자해하기도 하고, 때로는 염세감에 빠져 죽어버리고 싶다는 충동에 휩싸일 수도 있습니다.

호조기와 저조기가 심하게 들쑥날쑥거리는 「초승달태생」은 정신을 바짝 차려야 하는 일주일입니다. 하물며 파트너 또한 「초승달태생」이면 사태는 더욱 심각하겠죠? 그러나 상현달 영역에서는 나쁜 일만 계속되는 것이 아닙니다.

보통 때는 어느 누구도 말릴 수 없는 「초승달태생」의 저돌성에 물을 끼얹는 것이 상현달 영역입니다. 자칫 탈선하기 쉬운 당신들의 행동은 상현달 영역에 들면 브레이크가 걸려서 정확하고 냉정한 판단을 내릴 수 있게 됩니다.

즉, 맹렬했던 기세가 한풀 꺾이는 일주일이면 그럭저럭 무난하게 보낼 수 있으며, 통털어 길(吉)하다할 수 있습니다. 이 기간에 충분한 충전의 시간을 보내면 다음주「보름

달 영역」부터는 또 다시 재활약을 기대할 수 있을 것입니
다.

어드바이스

상현달 영역은 「발견」의 시기이기도 합니다. 인간관계에
서의 발견, 일에서의 발견, 자그마한 발견이 성공의 지름길
이 될 것입니다. 상현달 영역을 지나서 그 발견을 성공으로
연결지으면 좋습니다. 따라서 이 일주일동안은 주의깊게
생활하라고 권하고 싶습니다.

연애에 있어서는 양호, 원만합니다. 새로운 연인을 만난
다거나 아니면 사귀고 있던 상대의 새로운 면을 발견하게
될 것입니다. 섹스는 장소나 체위를 자극적으로 연구하면
즐거울 것입니다.

이 일주일 동안 상대방이 품게되는 당신의 이미지

<호의적인 경우>	<부정적인 경우>
· 잘 배려해 준다	· 녹초가 되어있다
· 마음이 놓인다	· 소견이 좁은 사람
· 신선하다	· 동정심이 결여되어 있다
· 냉정한 판단을 내린다	· 구두쇠
· 자기 방식대로 산다	· 대인관계가 좋지 않다
· 의지가 강하다	· 소심한 사람
· 특이한 발상을 한다	

● 초승달
● 초승달 & 보름달 영역의 상성(相性)
— 길흉혼합(吉凶混合)

심기일전 적극적인 공략에 보람이 나타난다

보름달 영역에 든 「초승달태생」은 운세가 오름세로 들어섭니다. 심기 일전(心機一轉)하여 상현달 영역에서 울적했던 울분을 단번에 풀려고 합니다. 기분전환이 좋은 결과로 이어지면 좋지만, 결과가 길(吉)하든지 흉(凶)하든지 극단을 달리는 것이 「초승달태생」의 운명입니다. 그렇지만 의욕 넘치는 행동을 보인다면 비록 실패했다 하더라도 하루빨리 의욕을 되찾아 움직이면 움직일수록 장래에는 플러스가 되겠습니다.

그런데 지난 상현달 영역에서 상태가 좋지 않던 「초승달태생」은 보름달 영역에 들어서도 그런 안좋은 상태를 질질 끌고 가는 경우가 많이 보입니다. 그런 사람은 다시 충전의 시간을 가져야 합니다. 모든 일을 측면에서부터 다시 본다든가, 근본적인 재도전을 계획하기도 합니다. 사소한 일에도 불구하고 우선 중요한 포인트가 될만한 것은 정확히 파악해 두고 싶어 합니다.

연애는 적극적인 공략으로 보람을 얻습니다. 육체관계도 더할나위 없이 좋습니다. 조그만 실수로 괴로워하는 사람은 새로운 방법을 강구해 보라고 말하고 싶습니다. 예를 들어 전화로 상대를 화나게 해서 실수한건 아닌지 걱정되면 편지로 프로포즈한다든가, 직접 만나서 해명하는 정도로 말입니다. 아주 작은 마음씀씀이라도 상대도 같은 달종족이기 때문에 잘 헤아려 줄 것입니다.

어드바이스

적극성을 키우고 있는「초승달태생」은 섹스에 관해서도 탐욕스러워집니다. 연애상대가 「초승달태생」이기 때문에 보다 격렬한 섹스를 서로 원합니다. 보름달 영역은「생식」의 영역이기 때문에 임신에는 주의를 기울이십시오.

특히, 안지 얼마 안되는 연애는 신중히 행동하십시오. 왜냐하면 상대는 육체적 행위만을 원할지 모르기 때문입니다. 그렇게되면 섹스와 연애가 별개의 것이 되어버립니다. 역시 사랑이 먼저 있고 그 다음에 상대의 육체에도 관심을 가지는 것이 건전하지 않겠습니까?

이 일주일동안 상대방이 품게되는 당신의 이미지

<호의적인 경우>	<부정적인 경우>
· 어떤 일이 있어도 이익은 챙긴다	· 겉만 번드르르함
· 장래가 밝다	· 토라져서 말을 안하는게 싫다
· 행동파이며, 생활력이 있다	· 들떠서 차분하지 못하다
· 매우 운이 강한 사람	· 실천에 옮기지 못한다
· 친구를 도와줄 수 있다	· 겁쟁이며 깊이가 없다
· 미련 없이 깨끗하다	· 바람기가 있고, 경솔하다

● 초승달
● 초승달 & 하현달 영역의 상성(相性)
—길흉혼합(吉凶混合)

의사고양기로 극단. 불끈거리지 말 것

「초승달태생」에게 있어서 하현달 영역도 고양기가 됩니다(의사고양기 (page 40)의 징조가 있으면, 초승달 영역을 참조해 주십시오). 하현달 영역이 흡사 초승달 영역으로 파악되기 때문입니다. 특히 사업면에서는 하현달 영역에서 초승달 영역으로 훨씬 오랫동안 고양기를 보내게 되는「초승달태생」에게 있어서 대성공의 영역이 될 것입니다.

연애도 확실합니다. 하현달 영역에서 서로가 고양기에 든 경우에는 길흉혼합으로 극적인 결말을 맞이하게 될 것입니다. 이처럼「초승달태생」끼리는 전 영역에서 과감히 사랑에 도전하게 됩니다. 요컨데, 연애에는 적극성이 불가결합니다.

한편, 고양기가 아니었던 사람의 경우에는 느긋하고 평화스런 일주일을 보낼 것입니다.「초승달태생」에게 하현달 영역은 소위 제2의 고향과도 같이 편안합니다. 상처입은 날게를 쉬게하여 안심되고 편안하게 푹 쉬게 합니다. 그러나 편안한 고향에 있는 당신은 지금까지 한대로 제멋대로 행동할 수는 없습니다. 거기에는 칭칭 얽매어진「관습」이 있어 주위사람에게 당신을 맞추지 않으면 안 됩니다. 그것

을 구차하다고 느끼지 않는다면, 당신의 연애는 머지않아
현상유지되어 길(吉)로 이어집니다.

어드바이스

　하현달 영역에 있어 서로에게 잘 신경을 써주면 은밀히
맺어진 남녀사이의 견본이 되지만, 여하튼 기가 세기로 유
명한 「초승달태생」끼리이기 때문에 그렇게 언제까지나 점
잖빼고 조용한 척 하고 있지는 않습니다. 갑작스런 짜증이
상대방이나 당신자신에게 나올 수도 있으니 주의하십시오.
　서로가 필요이상으로 나타내보인 「배려」 탓으로 욕구불
만이 쌓이면 다음주 초승달 영역에서 큰 다툼이 일어날 것
입니다.

이 일주일동안 상대방이 품게되는 당신의 이미지

<호의적인 경우>

- 마음이 넓다
- 배려심이 있다
- 성실하다
- 대화로 즐겁게 해준다
- 언제나 걱정해준다
- 모든이에게 인기가 있다
- 온화하다

<부정적인 경우>

- 약자에게 강하고, 강자에게 약하
  다
- 말 뿐이고 실행이 따르지 않는다
- 교태를 잘 부리고 경박하다
- 남을 지나치게 신경 써준다
- 본심을 알 수 없다
- 불끈거린다
- 박력이 모자란다

당신 ●초승달 VS 상대 ◑상현달

상성은 나빠도 당신의 적극성나름

일반적인 상성

사실 「초승달태생」과 「상현달태생」의 숙명적 만남은 유감스럽게도 네 종족 대 네 종족 전체 열여섯쌍 중에서 가장 나쁜 결합입니다. 「초승달태생」인 당신이 본 「상현달태생」은 절대로 인상이 나쁘지 않은데, 상대인 「상현달태생」은 잠재적인 공포를 품고 있습니다. 「초승달태생」인 당신으로부터 「파괴」의 사인(sign)을 읽어내기 때문입니다.

따라서 이 커플은 갑작스럽게 만나서 맺어지는 일이 드뭅니다. 겨우 이해했다 싶어도 달의 모양에 따라 「상현달태생」이 몇 번이고 의심을 하게 되고, 그 때마다 파국의 위기가 찾아올 것입니다. 그러나 연애는 예측하기 어려운 것! 「상현달태생」은 일편 단심으로 좋아한다는 적극적인 행동을 보이면 이내 마음이 약해지므로 사랑에 열매를 맺을 수 있을 것입니다. 게다가 섹스 상성은 아주 좋습니다.

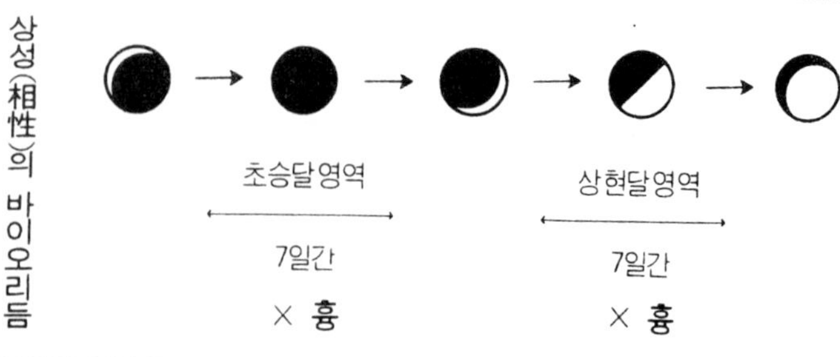

포인트

　당신이 어쩐지 멀리하고 싶은 상대는 어쩌면「상현달태생」이라 생각합니다. 거친 성격, 제맘대로 행동하는 것, 허세부리기 좋아하고 눈꼽만큼의 동정심도 없는「초승달태생」의 단점을「상현달태생」은 아주 싫어합니다. 당신이「상현달태생」인 상대를 무리하게 뒤따르더라도 경계하고 마는 것이 당연합니다. 그러므로 당신은 오해를 불러일으키지 않도록 섬세하고 천천히 시간을 투자하여 사랑을 얻으려 하십시오. 유리를 다루듯 조심조심 여러 각도에서 서로 이해한다면, 쓸데없는 의심 따위는 사라질 것입니다.

　그렇다고 하더라도「초승달태생」과「상현달태생」의 상성이 길(吉)한 것은 겨우 보름달 영역 뿐이고, 다른 영역에서는 거의 모두가 흉(凶)합니다.

　두 사람은 보름달 영역인 그 일주일동안에 애정의 고삐를 확실히 고쳐매지 않으면 안 됩니다. 애정은 섹스보다 훨씬 오랜기간을 이어주는 것이니까요.

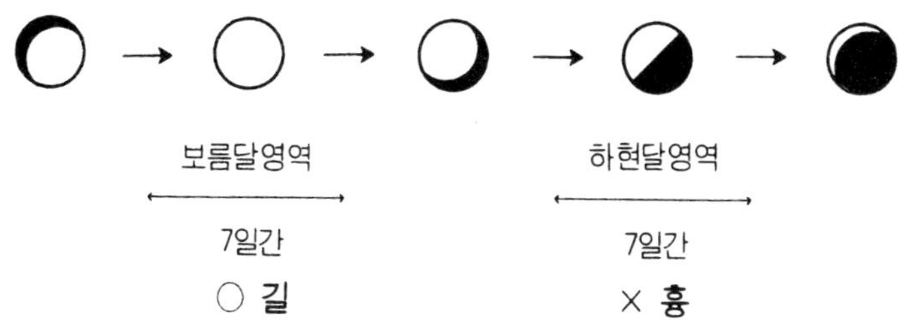

● 초승달 ◐ 상현달 & 초승달 영역의 상성(相性)

— 흉(凶)

최악! 단체와 어울리며 겨우 지탱

「초승달태생」은 초승달 영역에서 고양기에 들어 생각했던 대로 힘이 넘쳐납니다. 그 힘을 쓸 수 있는 목표가 있다면 모든 일에서 저력을 발휘할 것입니다. 아주 저돌적이죠. 주위의 간섭 따위는 조금도 신경쓰지 않습니다.

한편, 「상현달태생」은 초승달 영역에서 「파괴」·「침략」의 싸인을 받아들입니다. 「상현달태생」은 배신당하는 것이 두려운 나머지 접촉을 거부하고, 겁쟁이가 되어 두려워하며 저항하려 합니다.

연애는 일방적으로 당신이 제압합니다. 상대방의 상태에 따라 결과는 크게 달라집니다. 고양기에 있는 당신이 그 넘쳐나는 힘의 화살을 누구에게 겨누고 있느냐가 문제입니다. 여하튼, 그렇지 않아도 「상현달태생」이 초승달의 위력에 공포를 느끼고 그것으로부터 도망치려하고 있는데, 거기에 체력, 기력을 초승달의 위력으로 가득 채운 당신이 자신만만하게 다가오고 있기 때문에 반발을 일으켜 받아들이지 않게 되는 것입니다.

이미 이렇게 된 이상 무슨 짓을 해도 악순환을 불러일으킬 뿐으로 결국 흉(凶)이 되는 것입니다.

어드바이스

　연애의 시작부터 실패하지 않으려면 가능한한 무난한 데이트를 생각해둬야겠지요. 밀회형(密會型)의 데이트를 피하고 가능하면「하현달태생」의 동료를 끼워서 단체놀이를 하는 것이 바람직합니다. 그렇게하면, 상대방은 지나치게 강렬한 당신의 특성에 조금은 완충제적인 역할(동료)로 인해 안심이 될 것입니다. 궁합이 좋은「하현달태생」의 친구를 윤활제로 사용한다는 말입니다.

　상대방이 당신을 잘 이해할 때까지는「초승달태생」의 특성을 될 수 있으면 억누르고 조심조심 사귀어야 할 것입니다. 이 시기에는 특히 상대의 의견을 솔직하게 들어줄 수 있도록 노력하십시오.

이 일주일동안 상대방이 품게되는 당신의 이미지

\<호의적인 경우\>

- 힘이 있다
- 목적이 분명하다
- 생명력이 넘쳐 흐른다
- 성공할 것 같다
- 지도력이 있다
- 근명성실하다
- 재능이 있는 것 같다

\<부정적인 경우\>

- 난폭하다
- 독창성이 결여되어 있다
- 자기주장이 지나치게 강하다
- 꼭 반론을 제기한다
- 납작하다
- 말도 않고 어디론가 가버린다
- 배신자

● 초승달
◑ 상현달 & 상현달 영역의 상성(相性)

— 흉(凶)

참을성이 필요. 버릇없음을 너그러이 봐 줄 관대함이 필요

「초승달태생」인 당신은 초승달 영역을 막 보냈기 때문에 심신이 피로하고 실수를 저지를 수 있습니다. 연애에 있어 실패의 원인은 짜증입니다. 냉정함을 유지하려해도 미적지근한 태도를 보이면, 본디부터 격정적인 초승달태생인만큼 피곤함을 화로 직결시켜 버리는 것입니다.

한편, 고양기를 맞이한 「상현달태생」은 복잡하고 협조성이 부족하며 게다가 모순되어 있습니다. 사랑받는 것은 귀찮지만 구애는 받고 싶고, 성가실 정도로 보호받는건 싫지만 무시당하는건 슬퍼서 참을 수가 없는 그런 상태입니다. 「초승달태생」인 당신 눈에 상대방은 아주 버릇없는 존재로 보일 것입니다. 여기에서 상대방의 모순이나 실수를 노골적으로 비난해 버리면, 힘에 저항하려하는 경향이 있는 「상현달태생」은 그 후 좀처럼 마음을 열지 않게 됩니다.

어떤 종류의 사람이라도 최종적으로는 받아들여 줄 상대를 필요로 하고 있습니다. 다만 「상현달태생」은 그런 일에 관해서는 고분고분하지 못하고 서툽니다. 당신이 그런 방자한 행동도 모두 받아들일 수 있는 관대함을 보이지 않는다면 유감스러운 결과를 맞이하게 됩니다.

어드바이스

이 시기에 두 사람의 상성(相星)중 좋은 것은 오직 섹스뿐이므로 당신의 기분은 흡족하지 않을지도 모릅니다. 그것은 상현달 영역에 들어 어느 정도 상현달화(化) 된 당신이 냉정하게 제3자의 입장에서 상대방과 자신의 관계를 바라보기 때문입니다.

이제까지 두 사람이 쌓아올린 사랑은 뭘까? 그 미래는? 하고 새삼스레 고쳐 생각해 버립니다. 「초승달태생」과 「상현달태생」의 연애는 그 기운이 멎자마자 귀찮은 일이 일어날 수 있습니다. 결과가 어떻게 됐든 행동은 신중하십시오.

이 일주일동안 상대방이 품게되는 당신의 이미저

<호의적인 경우>	<부정적인 경우>
· 생각이 서로 닮아 있다	· 거리감을 둔다
· 응원해주고 싶은 생각이 든다	· 전신(轉身)이 너무 빠르다
· 신념을 밀고나가는 마력이 있다	· 빈수레가 요란하다
· 강인한 면이 있다	· 설명이 부족하다
· 나에게 없는 것을 가지고 있다	· 화를 잘 낸다
· 정열가다	· 남을 인정하려 하지 않는다
· 섹시하다	· 호색가이다

● 초승달
◑ 상현달 & 보름달 영역의 상성(相性)

― 길(吉)

사랑의 고삐를 졸라맬 시기. 지나칠 정도로 문란한 정욕

보름달 영역을 맞이한 「초승달태생」은 함부로 마구 소문을 퍼뜨리고 다닙니다. 그 대부분은 남에 대한 험담입니다. 상현달 영역에서 움츠려 들었던 반동이 나와 하고 싶은 말만하면 처음에는 즐겁더라도 나중에는 주위사람들과 어색해질 수 있습니다. 단, 험담하기를 좋아하는 「상현달태생」에게는 환영을 받을 것입니다.

「상현달태생」은 보름달 영역에 들면 몽롱하던 머릿속이 개운하게 확 뚫리는 상태가 됩니다. 정신면에서 충실감을 느끼고, 적극성을 보입니다. 취미나 사업에서 예술방면에 소질이 있는 경우에는 창작활동이 활발해지는 시기입니다.

두 사람 다 변함없이 섹스를 중심으로 한 깊은 육체관계를 바랄 시기입니다. 두 사람만의 세계가 만들어질 것입니다. 그러나 「상현달태생」은 연애행위보다 좀더 다른 흥미대상을 지니고 있는 경우가 있습니다. 예를 들어 연극, 음악, 회화, 연구, 스포츠 등에 몰두하려고 이미 결심하고 있었다면 지원해 주십시오. 섣불리 당신이 열심히 놀자고 유혹해도 도리어 끈질기게 거부하며, 당신을 성가신 노예로 여긴다든가 단순한 섹스의 배출구로 처리해 버립니다.

어드바이스

생물은 보름달 영역에서「종족번영」의 사인(sign)을 받아들입니다. 종(種)을 후세에 남기려는 본능이 상기되어 속물적인 사랑으로 문란해지는 일주일을 맞이할 것입니다.「초승달태생」인 당신은 이성 앞에서는 안절부절 못합니다. 그러나 이 시기에 안일하게 향락에 빠져버리면 나중에는 찜찜한 생각이 드는 경우도 생깁니다. 두세 다리씩 걸친 끝에 삼각, 사각관계가 되기 쉽습니다. 아니면 불륜이 되던지 …… 뒤얽힌 애정이「상현달태생」과의 이별로 이어질 수도 있습니다.

이 일주일동안 상대방이 품게되는 당신의 이미지

<호의적인 경우>	<부정적인 경우>
· 눈부시게 빛나 보인다	· 결단이 무디다
· 최고의 이해자다	· 무애타적(無愛他的) 인생관
· 숨김없이 털어놓게 된다	· 일을 할 수 없다
· 금전상의 애로가 없는 것 같다	· 목적달성을 위해 남을 이용한다
· 자기희생을 아끼지 않는다	· 말로 자신을 지나치게 꾸민다
· 마음씨 좋은 천하장사	· 밑빠진 독에 물붓기
· 정력이 엄청 세다	· 난봉꾼, 바람꾼이다

● 초승달
◐ 상현달 **& 하현달 영역의 상성(相性)**

— 흉(凶)

경계당하기 쉬움. 대가를 바라지 않는 박애의 사랑을

하현달 영역을 맞은 「초승달태생」이 의사고양기(p40)에 들지않는 경우에는(의사고양기의 징조가 있으면, 초승달 영역을 참조해 주십시오) 반대로 본래의 특성을 약하게 합니다. 평화로운 나날을 보내지만 투쟁본능을 잃어버리기 쉬운 저조기이기도 합니다.

보통의 「상현달태생」은 당신이 저조기에 있던지, 고양기에 있던지 관계없이 당신에게 초승달 냄새를 맡고 방어자세를 취하고 맙니다. 하현달 영역에 들면, 「상현달태생」은 당신 본래의 특성을 민감하게 감지한답니다.

당신이 다가선 거리만큼 도망치려 하기 때문에 마치 서로 반발을 일으키는 자석의 척력과도 같습니다. 억지로 손을 잡았지만, 손을 놓자마자 튕기듯 달아나 버리는 「상현달태생」은 무척 다루기가 힘들 것입니다.

상대방을 신뢰시키는 방법은 성의를 보이는 것입니다. 직접적이 아니라 간접적으로 말입니다. 예를 들어 자원봉사활동으로 열심히 일하든가, 단체로 캠핑을 갔다면 눈에 띄지 않는 작업을 열심히 한다든가하여 대가를 바라지 않고 자신을 희생해서까지 주위사람들을 위해 애쓰려 하는 그런 자세를「상현달태생」은 좋아합니다.

어드바이스

또다시 위기가 찾아왔습니다. 당신에게 있어서는 어떻게 해서든지「상현달태생」의 경계감을 푸는 일이 문제입니다. 구체적으로 말하면 당신이 의견주장을 하기에 앞서 상대의 의견을 충분히 들어주는건 어떻습니까?

조심스럽게 감정을 숨기고 있는「상현달태생」의 생각을 끄집어 내 주세요. 그렇게하면 서로의 차이점을 확실히 알게되어 상대방에 대한 양보가 자연스럽게 생겨날 것입니다.

이 일주일동안 상대방이 품게되는 당신의 이미지

<호의적인 경우>	<부정적인 경우>
· 주위에 아는 사람이 많다	· 유행감각이 떨어진다
· 전심 전력하는 인생을 살고 있다	· 촌스럽다
· 위풍당당하다	· 수치심이 없다
· 현재를 소중히 여긴다	· 몸을 웅크리고 있다
· 자기희생도 불사하지 않는다	· 허풍쟁이
· 남을 재미있게 하는 재주가 있다	· 돈에 집착한다
· 생명력이 넘쳐난다	· 양해도 얻지않고 진행한다

당신 ●초승달 VS 상대 ○보름달

밀어붙이기가 효과있는 결합

일반적인 상성

초승달과 보름달이 지구에 미치는 영향력을 연구자는 똑같이 다루었지만, 우주적인 위치관계에서는 정반대의 위치에 있습니다(p17). 당연히 「초승달태생」과 「보름달태생」의 특성은 닮아있고, 실제로 정반대되는 부분을 많이 가지고 있습니다. 가장 알기쉬운 예를 들면 「초승달태생」이 자신을 둘러싼 환경을 공격적으로 정복하려 한다면 대신 「보름달태생」은 자기에게 맞는 환경을 만드는 힘을 가지고 있습니다. 결과만 보면 닮아있지만, 그 과정은 전혀 다릅니다.

서로의 차이는 플러스(+)와 마이너스(−)입니다. 자석의 인력이 작용하듯이 두 사람은 아주 밀접한 관계를 유지할 것입니다.

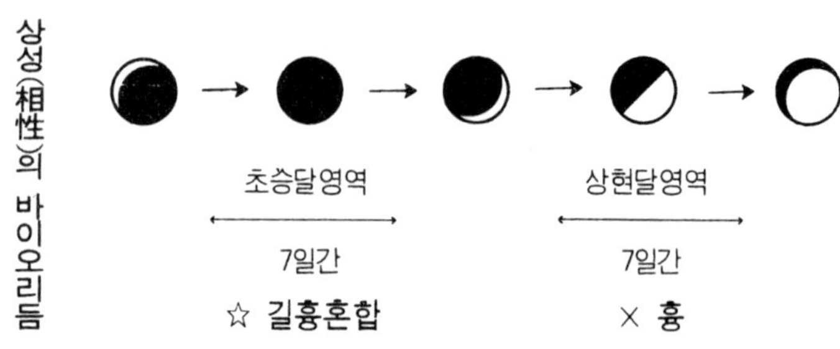

포인트

　「초승달태생」은 어떤 일이든 욕심을 가지고 있습니다. 돈, 사물, 그리고 인간관계도 그러합니다. 속으로는 '어떻게 하면 인기를 끌까?'하고 생각하고 겉으로는 사교적으로 밝게 행동하는 경향이 있습니다.

　「보름달태생」은 외면적인 매력이 뛰어난 데다가 자신에게 맞는 멋을 연출 할 수 있기 때문에 누구든지 첫인상에 호감을 가지며, 특히 정복욕이 강한「초승달태생」으로부터 접근이 많을 것입니다.

　주의할 점은「초승달태생」이 상대에게 먼저 반하게 된다는 것입니다. 일방적인 짝사랑으로 끝나기도 하고, 실연을 경험하기도 하겠죠?「보름달태생」을 과감히 공격할 수 있는「초승달태생」에게는 역시 찬스가 생기게 됩니다.

　밀어붙이기가 효력을 발휘합니다. 그러나「보름달태생」은「초승달태생」의 강한 개성으로 인해 한발짝 뒤로 물러서는 부분도 있기 때문에 도를 지나칠 정도로 적극성을 보이면 이유없이 싫어질 수도 있습니다.

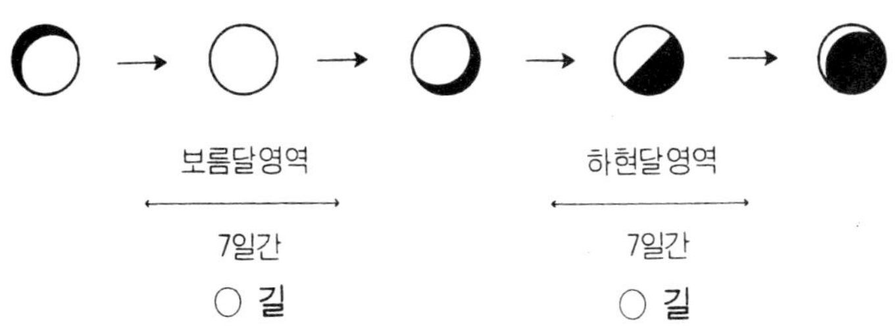

● 초승달
○ 보름달 & 초승달 영역의 상성(相性)

— 길흉혼합(吉凶混合)

만남의 시기. 본심을 직접적으로 전달하고 싶다

「초승달태생」은 고양기. 몸이 근질근질합니다. 손발이 부들부들 떨릴 정도로 육체를 괴롭히고 싶고, 땀투성이가 되고 싶은 그런 욕구가 생깁니다. 그 느낌 그대로 오로지 달리기도 하고, 수영도 하고, 스포츠를 한다면 기분이 상쾌해지지 않겠습니까? 만약 그 에너지를 안에서 폭발시킬 수 있다면 공부나 일의 성과를 기대할 수 있습니다.

대신 「보름달태생」은 자신의 껍질을 깨려고 적극성을 보이지만, 갈피를 못잡고 헤매이기도 합니다. 기분이 들쭉날쭉 엉망입니다. 예를 들어 우스꽝스러워 보일 만큼 기발한 복장을 입어 보기도 하고, 충동구매로 카드를 긁기도 하는 대범한 행동을 합니다.

초승달 영역은 두 사람이 만날 시기입니다. 상대방의 적극성을 몽땅 이끌어낼 것입니다. 적극적이게 된 사람은 자신감을 가지고 그것을 인정받고 싶어하는 바램을 가지고 있습니다. 이 시기의 「보름달태생」은 칭찬을 받으면 무조건 기뻐합니다. 얼마만큼 상대를 멋지게 생각하고, 얼마만큼 좋아하는지 서슴없이 본심을 직접적으로 드러내면 「보름달태생」의 마음에 잘 전달될 것입니다.

그러나 고양기인 당신은 호조와 저조가 이웃해 있습니다. 결국, 두 사람의 궁합은 길흉이 혼합되어 있습니다.

어드바이스

성공과 실패, 호조와 저조가 극단으로 나와버리는 고양기에 상태가 별로 좋지 않다고 느낀다면 염려되는 이성에게는 될 수 있으면 접촉하지 않는 편이 현명합니다.「초승달태생」특유의 기세는 자칫하면 나쁜 결과로 이어질 수 있습니다.

또한 두 사람이 이미 연인사이라면 데이트는「보름달태생」이 좋아하는 쇼핑이나 유원지, 혹은 술만 마실수 있는 곳 등 섹스 상대가 아닌 친구사이로 데이트 하십시오.

이 일주일동안 상대방이 품게되는 당신의 이미지

<호의적인 경우>	<부정적인 경우>
· 자신을 알고 있다	· 두 사람이 있는 데도 일방통행이다
· 저돌적인 모습에 호감을 느낀다	· 약삭빠르다
· 특출나다	· 인색하고 교활하다
· 잘 논다	· 끈질기다
· 흥분된다	· 뒤죽박죽 형편없다
· 마음이 맞다	· 소극적이고 부정적이다
· 와일드하다	· 모두에게 미움받는다

● 초승달 & 상현달 영역의 상성(相性)
○ 보름달

— 흉(凶)

심신이 피로. 달이 돌아올 때까지 참을 것

상현달 영역에서의 「초승달태생」은 심신의 피로로 인한 실수를 연발하기 쉽습니다. 무심코 깜빡하는 단순 실수이지만, 무심코 깜빡했다고 해서 전부가 웃어넘겨버릴 것도 아닙니다. 오히려 안전 관리가 요구되는 현대사회에서는 큰 사고 원인의 태반이 인위적인 단순실수입니다. 멍하니 있었다고 생각되면 이내 안절부절 못하여 남과 충돌하기도 하는, 그다지 좋은 일은 없을듯한 상황입니다.

한편, 상대인 「보름달태생」은 상현달 영역의 영향을 받아 대인관계의 방어를 굳건히 하고 있습니다. 대략적으로 분류하면 「보름달태생」과 「상현달태생」은 원래가 내향적인 타입이고, 대신 「초승달태생」과 「하현달태생」은 외향적이라 할 수 있습니다.

내향적인 사람들은 자취를 감추기도 하고, 무반응상태를 보일 때도 있으며 반대로 주위사람들로부터 주목받으려는 행동을 하는 경향이 있어 특히 「초승달태생」과 같은 강함에는 과민해지고 맙니다. 이것으로는 모처럼의 당신의 상대에 대한 연모의 정도 「보름달태생」에게 마음이 미치지 않습니다. 속이 타서 강경하게 다가서면 점점 더 문을 닫아

버립니다. 상현달 영역에서의 두 사람의 관계는 유감스럽
지만 잘 안 됩니다.

어드바이스

「초승달태생」에게 있어서 상현달 영역은 반갑지않은 일
이 많은 영역이지만, 귀중한 준비기간으로 삼을 수 있습니
다. 두 사람 모두에게 있어서 절호의 기회가 돌아오기 때문
에, 그날이 오기를 마음속으로 고대하며「결실」의 씨를 뿌
려두는 것입니다.

　연애에 관해서「씨뿌리기」는 생일파티의 기획, 콘서트·
티켓예약·데이트약속 등이 되겠죠? 이러한「결실」은 가능
하면 보름달 영역에 맺어집니다. 그것이 두 사람에게 있어
가장 멋진 일주일이 될 테니까요.

이 일주일동안 상대방이 품게되는 당신의 이미지

<호의적인 경우> 　　　<부정적인 경우>

· 내면에 강함이 있다 　　· 주위가 산만하다
· 신경이 쓰이는 존재 　　· 방향이 전혀 다르다
· 강렬한 발언 　　· 아무것도 알아주지 않는다
· 친구가 한 수 위다 　　· 너무 제멋대로 군다
· 정체를 알 수 없는 매력 　　· 재미없다
· 자기를 확립하고 있다 　　· 약속을 깬다
· 속이 깊다 　　· 어쩐지 나른하다

● 초승달
○ 보름달 & 보름달 영역의 상성(相性)

— 길(吉)

절호의 찬스가 찾아옴. 승부를 걸고 싶은 시기

「초승달태생」은 보름달 영역에 들면 지난주와 상황이 완전히 바뀝니다. 듬뿍 충전된 밧데리로 바뀐 상태여서 의기양양 합니다. 재충전된 온몸에 힘이 넘쳐납니다. 단조롭고 꾸준한 작업은 손에 잡히지 않지만, 정신면에서는 꽤 순조롭습니다. 주의를 기울여야 할 것은 이 시기의 「초승달태생」이 이성교제가 칠칠치 못하게 된다는 것입니다. 상쾌한 심신에 욕정이 한데 섞여 욕망과 자제로 나날을 보내게 될 것입니다.

보통의 「보름달태생」은 고양기입니다. 마음이 들뜨고 안정이 안되며, 몸이 나른하고 만사 귀찮은 듯 보입니다. 또한, 본능에 직결된 행동을 일으키는 경향이 있는데 그 행동은 생식에 관한 것이 많고 이성에게 있어서는 유혹의 기회입니다. 그런 「보름달태생」의 상대에게 당신의 라이벌이 나타날 것입니다. 모든 종족의 움직임이 활발해지기 때문에 가만히 내버려두면 누군가에게 빼앗길지도 모릅니다. 보름달 영역은 가장 사랑의 고백이 많고, 친밀한 교제가 깊어지는 시기입니다.

과감하게 도전하는 「초승달태생」은 승부를 걸고 싶겠죠?

상대는 받아들일 태세가 준비되어 있기 때문에 남은 것은 당신의 용기입니다.

어드바이스

이제 더욱 깊은 사랑을 원하는 두 사람에게 절호의 찬스가 찾아왔습니다. 「초승달태생」인 당신에게는 더욱 적극성이 요구되는 일주일입니다.

그러나 이미 안정기를 맞은 커플은 서로 무절제한 행동을 삼가하도록 마음을 가지십시오. 당신만이 아니라, 고양기인 「보름달태생」도 이성에게 끌릴 시기입니다. 설사 당신이 다른 누군가에게 마음을 빼앗기기라도 한다면 연인도 다른 이성을 좋아하게 되고 마음에 깊은 상처를 입을 것입니다.

이 일주일동안 상대가 품게되는 당신의 이미지

<호의적인 경우>

- 둘이서 은밀한 시간을 즐긴다
- 확고 부동하다
- 이상적인 결혼상대
- 성욕을 일으키게 한다
- 여름바다 내음이 난다
- 자유로운 삶을 산다
- 항상 같이 있고 싶다

<부정적인 경우>

- 섹스만 하고 싶은 욕망
- 성숙하지 못하다
- 무절제
- 한 가지 일에 전념하지 못한다
- 앞뒤가 안맞다
- 살찐 느낌
- 속는 듯 하다

● 초승날
○ 보름달 & 하현달 영역의 상성(相性)

― 길(吉)

웬지 따스하게 느껴지는 시기. 사랑하기에는 안성맞춤

하현달 영역에 든 「초승달태생」은 의사고양기(擬似高揚期)(p40)에 들어가지 않으면(의사고양기의 징조가 있으면, 초승달 영역을 참조해 주세요) 태연한 마음으로 나날을 보냅니다. 마치 가시없는 장미처럼. 가시가 없어도 장미라는 사실만은 변함없지만, 장미는 가시가 있기에 장미라는 사람도 있습니다. 실제로 많은 사람들은 위험한 것에 매력을 느낍니다. 그런면에서는 「초승달태생」의 매력 하나를 잃어버린 셈입니다.

상대인 「보름달태생」은 자기중심의 세계관에서 공존 공영의 세계관으로 바뀌고 남에 대한 배려가 강해집니다. 비유하자면 하늘에서 땅으로 떨어진 새! 잡기는 쉬워져도 새는 역시 날아야만 매력적이라고 하며, 웬지 아쉬움을 느끼는 사람이 나옵니다.

가시없는 장미와 땅으로 떨어진 새는, 집단 속에서 인사를 나누고 지극히 자연스럽게 사이좋게 지낼 것입니다. 교제를 시작하기에는 안성맞춤인 영역입니다. 그렇지만 어깨에 힘을 주지 않고 차분하고 안정된 교제를 한다면 서로 상대를 연애대상으로 보지않고 친구처럼 보고 깨끗이 헤어지는 시기이기도 합니다.

어드바이스

하현달.영역에서는 「초승달태생」도 「보름달태생」도 몰개성적이 되고 맙니다. 그런데도 서로를 염려하는 모습은 좋게 말하면 원만한 관계이지만, 나쁘게 말하면 자극이 없는 여생을 보내는 노부부입니다.

가끔은 따스하게 느껴지는 시간을 보내는 것도 좋지만, 정체를 싫어한다면 이벤트행사의 참가가 좋을 겁니다. 주위의 활기로 두 사람의 관계도 그렇게 됩니다. 신나게 확 펼쳐지는 불꽃놀이와도 같은 사랑은 모두의 소망입니다.

이 일주일동안 상대방이 품게되는 당신의 이미지

<호의적인 경우>	<부정적인 경우>
· 친해지기 쉽다	· 지도하고 싶어한다
· 보조가 맞다(손발이 맞다)	· 위기감이 부족하다
· 쭉 둘이서 해나간다	· 꾀가 많다
· 따스하게 느껴진다	· 시건방지고 밉살스럽다
· 이질감이 느껴지지 않는다	· 협력하려 들지 않는다
· 배신하지 않는다	· 패기가 없다
· 동료가 많다	· 근성이 없다

일반적인 상성

「초승달태생」과「하현달태생」은 아주 궁합이 잘 맞습니다. 서로 상대를 이해하는 속도가 빠르고 행동 또한 빠르기 때문에 전개는 빠릅니다. 그만큼 파국에 이르는 경우도 많지만 일반적으로 좋은 콤비라고 할 수 있겠습니다.

초승달태생의「수확」사인(sign)에 대해 친화성이 강한 하현달태생은「번영」을 이루도록 제공되어 공존 공영을 도모합니다. 당신이 지도력을 취하면 두 사람의 관계는 자연스럽게 진행될 것입니다. 바지런하게 돌보는 타입인「하현달태생」에게는 훌륭한 아내가 가장 적합하지만, 남성이 지나치게 상냥하고 부드러운 현대사회에서는 오히려 정신적으로 남성이「하현달태생」역할을 하는 경향이 있습니다.

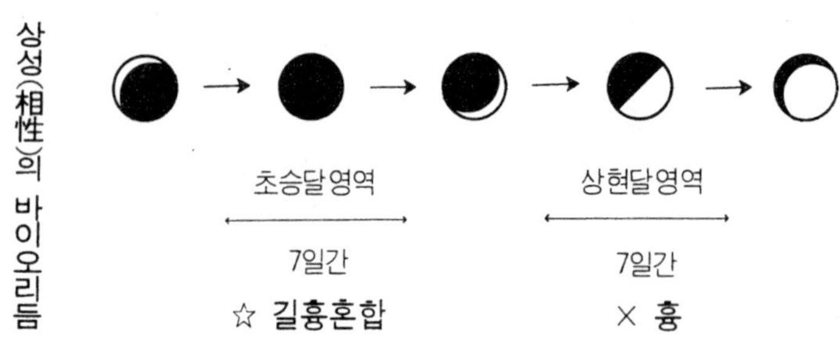

포인트

「초승달태생」에게 최고의 연인은 두 가지 타입이 거론됩니다. 하나는, 같은 양의 에너지를 가지고 의기투합 해주는 상대이고 또 한 타입은 설령 폭주로 보이는 행동에 대해서도 응원을 아끼지 않는 상대입니다.

「초승달태생」이 전자(前者)와 커플이 되면 몇 번이고 충돌해서 부침(浮沈)이 심함을 맛보고 후자(後者)와 커플이 되면 비록 실패했다 할 지라도 후회하는 일이 적고 오히려 두 사람 사이를 깊게 하는 결과가 됩니다.

물론, 당신의 파트너인「하현달태생」은 후자(後者)에 속합니다.「초승달태생」의 재능을 아낌없이 발휘하게 해줍니다. 방향 같은건 생각지않고 무턱대고 돌진해 가는「초승달태생」의 뒤에서「하현달태생」이 떠받쳐가는 관계가 커플로 적합한 것입니다.

「초승달태생」인 당신은 당신의 뜻대로 움직여주는「하현달태생」의 상대와 우연히 만난다면 최고가 될 것입니다. 이인 삼각으로 달리는데 상대의 협력이 필요합니다.

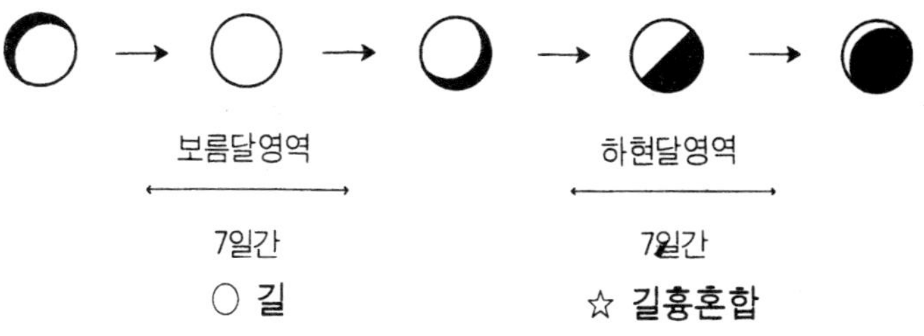

● 초승달 ◑ 하현달 & 초승달 영역의 상성(相性)

— 길흉혼합(吉凶混合)

충돌의 위기. 상대의 의외의 반격에 주의할 것

초승달 영역을 맞는「초승달태생」은 고양기 입니다. 호조기와 저조기의 파도를 맞고 있습니다. 초승달태생은「파괴」와「정복」의 특성을 높이는 일주일을 보내던지 아무것도 손에 잡히지 않는 나태한 일주일을 보낼 것입니다.

대신「하현달태생」은「초승달태생」으로 변신합니다. 평소와 달리 행동이 강렬하고 태도 또한 조심성이 없고 난폭합니다. 본래「하현달태생」의 특성은 주위사람들에게 두루 잘 대해주고 자기의 지위를 차근히 획득해 가지만, 초승달 영역에서는 직접적으로 주위를 정복하고 난폭하게 해서라도 지위를 얻으려 합니다.

이런 시기에 서로 꺾이려 들지 않는 두 사람은 부딪치겠죠? 당신이 고양기를 타지않고 꾸물꾸물대고 있을 때는 특히 충돌하기 쉽습니다.「하현달태생」은 당신의 아픈 곳을 정확하게 찌릅니다. 억누르고 있던 것을 단번에 털어놓기 때문에 과거에서부터 현재, 그리고 미래에 걸쳐 비판받는 경우도 있습니다. 그런 충돌의 에너지를 좋은 쪽으로 끌고 가면 길(吉)하게 되지만, 나쁜 방향으로 갈 경우에는 특히 연애운이 흉(凶)하게 되고 맙니다.

어드바이스

좀처럼 쉽게 꺾이지 않는「하현달태생」의 저항에 당신은 쩔쩔맬지도 모릅니다. 그런 의외의 저항을 그 나름대로 평가할 수 있다면 좋겠지만, 반드시 화를 내게 될 것입니다. 왜냐하면 고양기인「초승달태생」은 자기 컨트롤이 안 되어 폭주하게 되는 경향이 있기 때문입니다. 물론 섹스도 길흉 혼합합니다.

초승달생은 이 시기에 두 사람의 사랑은 난국을 맞이 할지도 모릅니다. 당신은 이 일주일동안 상대의 얘기를 들어줄 자세를 항상 취하고 있어야 할 것입니다.

이 일주일동안 상대방이 품게되는 당신의 이미지

<호의적인 경우>

- 잘 이끌어준다
- 반드시 성공한다
- 대화가 즐겁다
- 모든 것이 멋있다
- 카리스마
- 내맡겨진다
- 섹스가 느껴진다

<부정적인 경우>

- 고집이 아주 세다
- 아집이 세다
- 금방 발끈거린다
- 무시당한다
- 칠칠치 못하다
- 깔본다
- 억지부린다

● 초승달 ○ 하현달 & 상현달 영역의 상성(相性)

— 흉(凶)

의기소침. 꾹 참고 미래를 내다본다

상현달 영역을 맞이한「초승달태생」은 그토록 강하던 힘도 능력을 잃고 활동을 못하게 됩니다. 그렇지만 기분은 여전히「초승달태생」그대로 돌진해가기 때문에 과로로 몸이 따라가지 못한 채, 무리가 원인이 되어 실패로 돌아갈 수도 있습니다.

한편,「하현달태생」은 축제 뒤의 쓸쓸함을 느끼는 시기입니다. 여태껏 해온 것이 도대체 자신에게 무엇이었느냐고 생각하고 갑자기 인생의 핵심에 다가서고 싶어지고 수심에 잠겨 당신을 보는 눈도 차가워질 것입니다.

「초승달태생」과「하현달태생」의 관계는 흉(凶)하게 될 것입니다. 특히 초승달태생인 당신은 성가심에 짜증을 낸 결과 이성을 포함한 대인관계를 모두 정산해 버리면 반드시 즐거워질거라는 생각을 하고마는 도피경향이 있습니다. 그렇기 때문에 교제를 시작하기에는 상태가 좋지않고 연애중인 커플은 최악의 경우 서로의 합의하에 종지부를 찍을 수도 있습니다.

그러나 적극적이고 진보적이어야 할 초승달태생에게 회피는 어울리지 않습니다. 여기서는 꾹 참아야할 때! 지금,

두 사람의 관계를 재확인해 볼 시기입니다.

어드바이스

두 사람은 둘이서 행복하게 걸어온 길을 새삼스레 돌이 켜 봅니다. 그리고 놀라실 겁니다. 그만큼 눈부시게 빛이나 야 할 길이 실은 아무런 변화도 없고, 어디에나 있는 풍경 으로 매몰되어 보여 버렸기 때문입니다. 아연하게 앞으로 시선을 돌리면 길이 좌우로 나누어져 있습니다. 그런데 당 신은 '어떡하면 좋지?'하고 생각합니다.

빨리 뜨거워지고 빨리 식기 쉬운 「초승달태생」과 「하현 달태생」 커플이라면, 눈앞에 잡히는 사랑을 억누르고 장래 를 길(吉)하게 할 환경만들기를 염두에 두어야 합니다.

이 일주일동안 상대방이 품게되는 당신의 이미지

<호의적인 경우>	<부정적인 경우>
· 힘이 되어주고 싶다	· 비관적
· 만능이다	· 잘못을 인정하지 않는다
· 설득력이 있다	· 비생산적
· 강한 생명력	· 굼뜨고 게으르다
· 파트너가 되고 싶다	· 화를 잘 낸다
· 멋진 인생관	· 배타적
· 잘 들어준다	· 과로하는 경향이 있다

● 초승달
◑ 하현달 & 보름달 영역의 상성(相性)

— 길(吉)

최량. 선물이 많아질 시기

보름달 영역에 들면 자신과 확신에 찬 행동으로 리더하는 「초승달태생」은 주위사람들의 눈에는 매혹적으로 보입니다. 특히 상품이나 돈에 관한 일로 주위를 압도할 것 같습니다. 커다란 「수확」을 얻을지도 모릅니다.

한편, 「하현달태생」은 보름달 영역에 들면 활동기에 돌입하기 때문에 기분은 상승세를 탈 기세입니다. 정체되어 있던 마음에 여유가 생기고 동시에 주위사람들에 대한 배려에도 두루 미쳐 전체적으로 상냥함을 발휘하기 시작합니다.

두 사람은 보름달 영역에 있어 최고의 상태가 될 것입니다. 「초승달태생」의 돌진력과 「하현달태생」의 온화한 포용력이 딱 맞물리면 최고의 커플이라 불릴 수 있습니다. 상대가 당신에게 반하고, 사랑의 리더십을 쥐고 있다면 귀금속 따위를 보챌 찬스입니다. 물론, 그 답례로 무언가를 선물하는 것이 예의이겠지요. 「하현달태생」인 상대에게는 콘서트, 게임, 식사, 골프, 여행 등 값은 싸더라도 기분만 좋으면 되니까 무리하지 않아도 됩니다.

어드바이스

「초승달태생」은 자기를 최고라 여기기 때문에 높이 평가한 사람 이외에는 과소평가를 해 버립니다. 노골적으로 상대를 모욕한다거나 얕본다거나 위기에 빠뜨리는 행동은 삼가하십시오. 조금만 잘못하면 따돌림 당하고 맙니다. 그러나 그 상대가 「하현달태생」이라면 반드시 당신을 용서해줄 것입니다. 그만큼 이 일주일동안은 두종족에게 있어 보내기 쉬운 영역입니다. 섹스에 관해서도 더없이 좋습니다. 다만, 임신되기 쉬운 시기이므로 피임해야 할 경우에는 주의를 요합니다.

이 일주일동안 상대방이 품게되는 당신의 이미지

\<호의적인 경우\>	\<부정적인 경우\>
· 눈부셔 보인다	· 말에 가시가 있다
· 활력이 넘친다	· 뒷마무리를 못한다
· 자신감을 가지고 있다	· 무계획적이다
· 끝까지 믿을 수 있다	· 금방 다투게 된다
· 무슨 일을 하더라도 강하다	· 불쾌감을 주는 사람
· 통솔력이 있다	· 겉만 번드르한 겁쟁이
· 의지가 된다	· 고압적이다

● 초승달
◑ 하현달 & 하현달 영역의 상성(相性)

— 길흉혼합(吉凶混合)

사귀기에 가장 좋은 시기. 이벤트 행사에는 적극 참가할 것

하현달 영역을 맞은 「초승달태생」은 의사고양기(p40)에 들지 않으면 안주할 곳에 있다는 기분에 젖습니다.

남의 소유물에 대해서 탐욕을 보이고 기회만 있으면 그것을 빼앗으려 하는 「초승달태생」이지만, 이 시기에는 어깨힘이 빠진 상태로 남을 인정하고 현실을 즐기며, 또는 끊임없이 참을성을 보입니다.

대신 「하현달태생」은 고양기에 있습니다. 주위사람들을 끌어들일 이벤트 행사를 기획할 것입니다. 이벤트는 여러 가지로 길거리 서명운동에서부터 이사에까지 이릅니다. 규모의 크고 작음은 상관하지 않고 언제라도 인원을 늘려 신구(新舊) 여러사람들과의 접촉을 원하며, 그 장소를 구분짓고 싶어합니다.

「초승달태생」은 몰개성적이기 때문에 무리없이 자연스럽게 「하현달태생」의 동료로 들어갑니다. 원래 사교가로서 뛰어나기 때문에 활기찬 회합은 한껏 만족스럽습니다. 고양기로 들떠있는 「하현달태생」과는 친하게 지내게 될 것이며, 교제하기에는 절호의 찬스가 될 것입니다.

어드바이스

두 사람 사이에 승강이가 벌어졌다고 하면 입장의 우열 (優劣)이 원인이 된 듯합니다. 강요하는 쪽과 강요당하는 쪽의 힘관계가 휘청거리기 때문에 옥신각신거리는 것입니다.

하다못해 하현달 영역에서는 당신이 지고 들어가야 할 것입니다. 상대방의 역량을 인정하고 존경해주는 것은 아주 중요한 일입니다. 게다가 상대인「하현달태생」이 고양기이고 마음이 들떠 있으면 일부러 찬물을 끼얹는 행동은 삼가하는 편이 좋을 듯합니다. 언제, 어느 영역에 있더라도「초승달 영역」은 참을성과 겸손과 상냥함을 잃지 않도록 하십시오.

이 일주일동안 상대방이 품게되는 당신의 이미지

<호의적인 경우>	<부정적인 경우>
· 잃고싶지 않은 친구	· 협조성이 부족하다
· 의지가 된다	· 배신한다
· 좋은 충고를 해준다	· 탈취한다
· 편안하다	· 독선적이다
· 용기를 준다	· 반항한다
· 항상 지켜봐준다	· 남의 헛점을 찔러 제압한다
· 기대고 싶다	· 업신여긴다

당신 　　　　　　　　　상대

◗상현달 VS ●초승달

당신이 반하면 아슬아슬한 사이

일반적인 상성

　유감스럽게도 상성이 나쁜 결합입니다. 「상현달태생」은 「초승달태생」을 가장 싫어합니다. 「초승달태생」을 피하려는 이유는 파괴, 도전, 모욕, 남을 앞지른다, 포위당한다는 나쁜 인상만을 과민하게 받아들이기 때문입니다. 힘으로 밀어붙이는 약탈은 정의감에 불타는 「상현달태생」에게 있어 용서할 수 없는 행동이고, 저항수단으로서 방어만을 빙 둘러치고 있기 때문에 그것이 「초승달태생」을 피하려하는 태도로 이어지는 것입니다. 다만, 「상현달태생」인 당신을 좋아하는 상대가 「초승달태생」이라 하면 얘기는 달라집니다. 이성에게 바라는 조건은 사람마다 각각 다르기 마련으로 상냥함만으로는 부족하여 공격성, 강함 혹은 불량성을 바라는 사람이 많이 있는 것은 이상한 일이 아닙니다.

포인트

당신이 「초승달태생」의 특성으로부터 자연스레 배어나오는 마이너스 이미지를 매력적인 사인(sign)으로 받아들인다면, 연애의 장애물은 적어집니다. 가장 좋은 것은 「상현달태생」인 당신쪽이 상대에게 반하는 것입니다.

그러나 「상현달태생」은 강자(強者)가 이치에 맞지않는 요구를 하면 반항하는 특성이 있기 때문에 그것을 어디까지 사랑의 힘으로 꼼짝 못하게 하느냐가 문제시됩니다. 달의 차고 이지러짐이 반복 될 때마다 불리한 환경이 몇 번이고 돌아오므로 주위와 비교한다면 평화로운 연애가 아닐지도 모릅니다. 소위 아슬아슬한 사이라 할 수 있겠습니다.

달 영역에 따라 모두 잘 나가는 주(週)가 있으면 죄다 실패하는 주(週)도 있고, 그 비율은 1대 2입니다. 두 사람의 관계는 압도적으로 흉(凶)이 많고, 길(吉)이 되는 주(週)는 불과 보름달 영역뿐입니다.

오래도록 사랑을 키워나가려면 당신이 상대를 오로지 믿고, 참는 것이 필요 절대조건입니다.

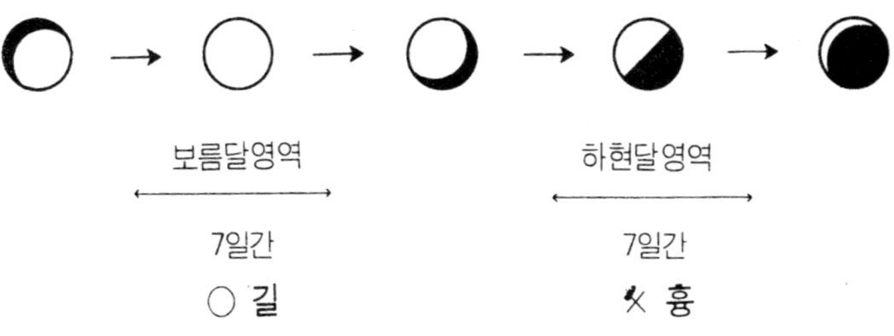

◑ 상현달 & 초승달 영역의 상성(相性)
● 초승달
— 흉(凶)

충돌. 참을성이 필요한 시기

「상현달태생」은 초승달 영역에 들면 경계심이 많아집니다. 그 경계심은 자기에게도 돌아오게 되어 이대로 괜찮은가 하고 생각하기 시작하여 현실로부터 탈출을 시도하고, 도피하고, 또는 싸움을 일으키기도 하는, 주위사람들과 원만하지 않은 일주일을 맞이합니다.

거기에 비해「초승달태생」은 고양기 입니다. 다른 달종족과 비교하더라도 엄청난 힘이 흐르고 있습니다. 가끔은 그 힘이 화가되어 폭발하기도 하지만, 정해진 목적을 향해가면 성공할 시기입니다.

한편, 경계심이 많은「상현달태생」은 초승달 영역의 힘에 어느 정도 감화되어 있기 때문에 방어수단이 공격형으로 바뀔 수도 있습니다. 게다가 또 고양기인「초승달태생」은 상대의 일 따위는 마음에도 두지 않으며, 어기차게 미묘한 부분까지 다가오기 때문에 그 뻔뻔스러운 태도를 참을 수 없을 지도 모릅니다.

여하튼「상현달태생」은 원래가 힘에 굴복하지도 않고 지기도 싫어합니다. 상대를 저버리면, 그 모습에서부터 인격에 이르기까지 전부 부정하는 경향이 강하고, 발끈거리자마자 서로 충돌하여 싸우고 화해도 하지않고 헤어질 위기를 품고 있는 영역입니다.

어드바이스

너무「초승달태생」과 적대관계만 하고 있으면 당신은 자신의 환경을 악화시키고 맙니다. 설령 왠지 싫은 기분이 들더라도 그것은 초승달 영역의 힘에 감화된 것이라고 생각하면 참을 수 있을 것입니다. 또 그렇게 하지 않으면 한번 싫어진 상대를 용서하려 하지않는「상현달태생」은 끝내 고립되어 수동적일 수 밖에 없을 것입니다.

초승달 영역에 든 당신에게는 정신세계로의 여행을 권하고 싶습니다. 독서나 회화에 친숙함을 가지고 마음 속에 자신을 해방시킨다면 스트레스도 해소될 것입니다.

이 일주일동안 상대방이 품게되는 당신의 이미지

<호의적인 경우>	<부정적인 경우>
· 분명하다	· 거부당한다
· 질리지 않는다	· 새초롬하다. 뾰로통하다
· 참신한 발상	· 지나치게 앞선다
· 속이 깊다	· 융통성이 없다
· 새로운 세계를 열어준다	· 불평만 늘어놓는다
· 손해보지 않는다	· 다가서기 힘들다
· 용서해 준다	

◗ 상현달
● 초승달　**& 상현달 영역의 상성(相性)**

— 흉(凶)

엇갈림. 오히려 정면에서 충돌할 것

상현달 영역에 들면「상현달태생」은 제멋대로 고집을 부립니다. 고양기로 황홀해져서 기존의 것에 얽매이지 않는 자유로운 발상을 토대로 예측불가능한 방향으로 나아가려는 나머지 주위사람들을 농락시켜 곤혹스럽게도 합니다.

당신에게 농락당하는 대상인「초승달태생」은 고양기 직후인 만큼 정밀함이 결여되어 보입니다. 탈력감으로 무기력해져 있으면 당신과 행동을 같이 한다거나 달래기도 할 수 없고, 왠지 멀어지는 느낌이 듭니다.

만약, 당신이 상대의 와일드한 부분이 마음에 들었다면「초승달태생」인 상대는 그 매력을 잃고 있기 때문에 어쩐지 서운한 느낌이 들 것입니다. 게다가 상대의 기분 또한 멀게 느껴진다는 것은 점과 점의 접촉만으로 서로 단념하고 말 것입니다. 속으로 엉큼하게 탐색만 하는 것보다 오히려 정면에서 충돌하는게 낫습니다. 서로 이야기함으로써 해결책이 생겨날 것입니다. 밖으로 털어놓지 못하고 안으로 힘을 넣기만 하면 최악의 결말로 끝나고 맙니다.

지금부터 교제를 시작한다면 이 영역은 피하는 것이 무난합니다.「초승달태생」본래의 특성이 약해진 만큼 오해로부터 시작되면 곤란하니까요.

어드바이스

고양기인 당신은 무리해서까지 자신을 억누를 필요는 없습니다.「상현달태생」은 고양(高揚)을 지나치게 억눌러 버리면, 반동으로 자격지심에 빠져버리니까요. 자기의 특성을 억누르는 것이 아니라, 상대방이 자신의 비위를 맞추게끔 노력하는 편이 상책일 것입니다.

다행히「초승달태생」은 상현달 영역의 사인(sign)에 감화받고 있기 때문에 공통된 놀이를 즐기는 것도 한 방법입니다. 볼링, 또는 골을 넣는 게임 등 파괴유형의 놀이나 육체적으로 피로해지기 쉬운 스포츠를 하십시오. 또한 자극적인 여행도 좋겠습니다.

이 일주일동안 상대방이 품게되는 당신의 이미지

<호의적인 경우>	<부정적인 경우>
· 집중력이 대단하다	· 자기맘대로다
· 개척정신이 풍부하다	· 마음을 열지 않는다
· 감탄시킨다	· 성질이 급하다
· 기억에 남는다	· 주위에서 악평을 받고 있다
· 승부를 걸어 싸울 수 있는 동지	· 성질이 삐뚤어져 있다
· 정신적으로 강하다	· 뒷마무리를 하지 않는다
· 제길을 가고 있다	· 책임을 떠넘긴다

◐ 상현달
● 초승달 & 보름달 영역의 상성(相性)

ー 길(吉)

열애. 이 순간을 위해 만났다고 생각하는 시기

보름달 영역에서의 「상현달태생」은 해방된 기분일 겁니다. 딱딱한 이부자리를 빠져나와, 따뜻하고 폭신폭신한 보름달 영역의 침대에 누워서는…… 하고 이것저것 생각할 것입니다.

상대인 「초승달태생」은 보름달 영역에 들면 주위가 밝게 보입니다. 눈에 비치는 것 모두가 생생하게 빛나보일 정도로. 그것은 주위가 바뀐게 아니라, 「초승달태생」 자신이 빛을 발하기 때문입니다.

연인이라면 두 사람은 아무런 문제없이 서로 열애할 수 있습니다. 보름달 영역은 당신의 뾰족했던 부분이 둥글어졌기 때문에 두 사람의 사랑만으로 집중할 수 있습니다. 나아가 상대방이 이성과 접촉했을 경우에는 질투심이 많은 나머지 의심을 많이하여 말꼬리를 잡고 늘어지는 경우도 있습니다.

「상현달태생」인 당신은 종속관계를 좋아하는 특성이 있기 때문에 상대에게 약점을 드러내면 가장 잘 따르게 됩니다. 한편으로 「초승달태생」은 상대를 지배하면 두목성질을 나타내기 때문이기도 합니다.

어드바이스

보름달 영역에서 「상현달태생」이 마음의 다툼을 휴전시 킨다고 하면, 「초승달태생」은 휴전상태로 복귀합니다. 이것 이 두 달종족에게 있어서 가장 균형잡힌 상태입니다.

두 사람은 서로의 방법차이를 이해하고 있기 때문에 보 름달 영역에서는 농도짙은 일주일을 보낼 것입니다. 북쪽 사람들은 기나긴 겨울을 참아냈기 때문에 겨우 돌아온 얼 마 안 되는 여름을 충분히 만끽할 수 있습니다. 보름달 영 역에서 두 사람의 사랑은 여름의 절정에 달하고, 이날을 위 해 만났다고 여길 것입니다. 섹스도 최고입니다. 임신에는 주의를 기울이십시오.

이 일주일동안 상대방이 품게되는 당신의 이미지

<호의적인 경우>	<부정적인 경우>
· 용서해준다	· 허약하다
· 심사 숙고한 언동(言動)	· 우물쭈물거린다
· 사랑받는다	· 알아주지 않는다
· 푹신푹신하다	· 기운이 없다
· 자유롭게 쉬게 한다	· 뭔가 내막이 있는 것 같다
· 마음을 줄 수 있다	· 독선적이다
· 순종한다	· 받아들여주지 않는다

◗ 상현달 ● 초승달 & 하현달 영역의 상성(相性)

— 흉(凶)

잠시 휴식. 연애에 안달은 금물

「상현달태생」에게 있어서 하현달 영역은 욕심없음이 오히려 예상에서 빛나갈 시기입니다. 자기가 믿은 길을 한길로 걸어갈 수 있는 것이 「상현달태생」의 강한 점이지만 물욕과 금전욕이 없고, 확실한 원동력을 가지고 있지 않기 때문에 하현달 영역에서 방향성을 잃어버리는 수가 있습니다. 또한 어딘가 아쉬움을 느끼게 하는 하현달 영역은 속이 타기도 할 것입니다.

「초승달태생」이 하현달 영역에서 의사고양기(p40)에 들지 않으면 이 일주일은 소위 학교기숙사에 있는 것 같은 생활이 됩니다. 놀때 만큼은 좋지만 규칙에 얽매여 너무 평화적이고, 지루한 나날을 도망쳐서 빨리 초승달 영역이라는 실제사회로 나와 힘을 마음껏 발휘하고 싶어 근질거립니다. 가는 곳마다 가능성이라는 이름의 문을 무수히 발견하고, 그 문이 열려 있는 것처럼 보입니다.

「상현달태생」과 「초승달태생」은 서로 안달하고 있습니다. 이런 상태의 연애는 항상 후회가 따라다닙니다. 오히려, 하현달 영역은 우정을 맺는데 적합합니다. 많은 사람들과 알게되면 상대를 알게도 되고 이후의 교제의 기반으로도 되어갈 것입니다. 하현달 영역은 상대를 이해해야 할 시기입니다.

어드바이스

당신은 허무에 대해 결단을 내리려고 준비태세를 취하고 있는 상태입니다. 다음 초승달 영역까지 시간이 지나감에 따라 머지않아 시계 초침이 가는 소리에 강박관념을 가지게 될 것입니다.

만일 여기서 당신이 의사고양기인「초승달태생」에게 다가선다면 설령 좋은 대답을 얻었다 할 지라도, 이용만 당하고는 끝나고 말 지도 모릅니다. 연애에 안달은 금물입니다. 무리하게 서둘러 사랑의 열차에 뛰어올라 타더라도 종착역에 도착하기 전에 도중하차해 버릴 것입니다. 하차할 때는 상처를 입지 않도록 조심해야 할 것입니다.

이 일주일동안 상대방이 품게되는 당신의 이미지

<호의적인 경우>	<부정적인 경우>
· 친한 친구	· 말을 끝까지 듣지 않는다
· 그립다	· 애쓴 보람이 없는 타입
· 의지되고 있다	· 끈기가 없다
· 곁에 있고 싶다	· 버림받을 것 같다
· 응원하고 싶어진다	· 건전하지 못한 생각
· 욕심이 없다	· 감시당하고 있다
· 도와주고 싶다	· 성질이 급하다

당신　　　　　　　상대

◑상현달 VS ◑상현달

종속관계가 딱 어울리는 두 사람

일반적인 상성

같은 달종족이기 때문에 상당히 좋은 결합입니다. 다른 달종족을 왠지 신용할 수 없는 「상현달태생」은 파트너로 「상현달태생」을 고르는 경우가 많은 것 같습니다. 처음에는 절대적인 신뢰관계가 구축되지만, 한번 상대를 의심하기 시작하면 반발도 보통이 넘습니다. 상하관계가 분명한 수직형의 사회구조를 원하기 때문에 선배, 선생님, 상사를 얻으면 멋진 나날을 보냅니다. 한편으로는 조직의 상층부에 대해 반기를 드는 사람도 적지 않습니다. 이것은 자기가 인정하지 않은 명령에는 반항하고, 결국에는 하극상(下克上)도 어쩔 수 없다고 손해를 각오해서까지 정의를 관철하려는 특성때문입니다. 그런 「상현달태생」은 동료들보다 한수 위에 있어도 고립되곤 합니다.

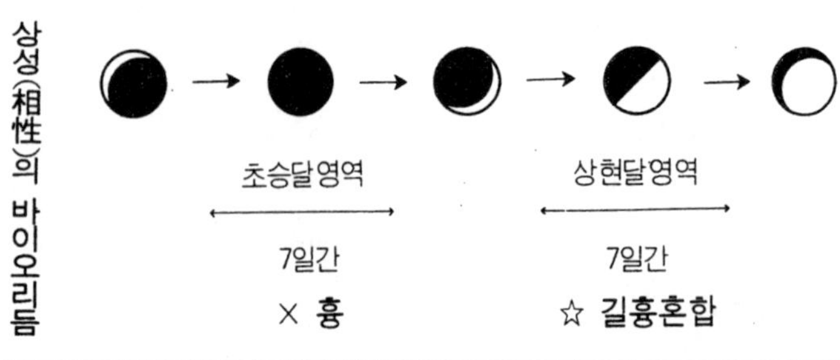

포인트

연애는 달아 오르기도 쉽고 식기도 쉬운 관계로, 특히 배신행위에는 민감합니다. 연애상대와는 환경차이가 큰 편이 일종의 계급이 생성되어 바람직하며 연령차이가 많이 난다거나, 재혼따위로 한쪽이 불리하다고 생각되는 조건에 있는 편이 의외로 좋은 교제를 오래도록 이어갑니다. 어느 쪽이 강하고, 어느 쪽이 약한지 확실한 계급에 따르고 있는 한,「상현달태생」은 표리 일체(表裏一體)의 충실함을 보이고 배신하지도 않습니다. 약점을 속속들이 드러낸 다음에 받아들여지면 복종심이 더욱 강하게 작용하는 것이「상현달태생」의 특성입니다. 또한, 약자(弱者)를 도와주고 싶다고 생각하는 동정심도 있습니다.

반면 계급상층부에 의문을 가지면 반란을 일으킬 수도 있습니다. 그 때문에 주위로부터 보수적이라든가, 혁신적이라든가, 분명히 알지도 않은 채 불만분자로 취급당하고 맙니다. 하지만 알력을 따르는게 아니라, 자기의 신조(信條)를 따르며 살아가려는 통일성에서 오는 것입니다.

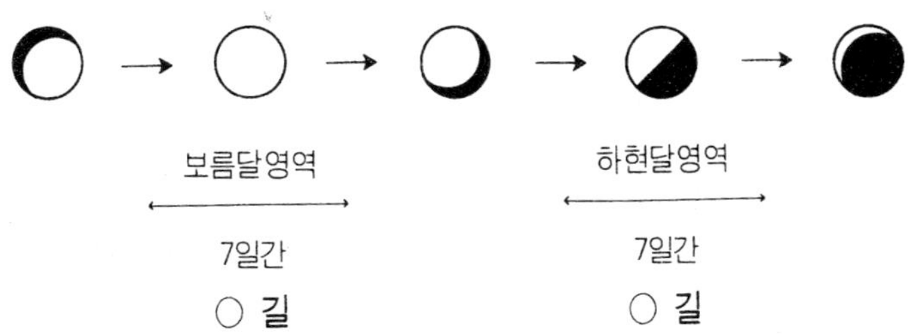

◑ 상현달 & 초승달 영역의 상성(相性)
◑ 상현달

— 흉(凶)

의심이 많아짐. 피부접촉을 항상 마음에 두고 생각하며 데이트를 할 것

「상현달태생」의 방어본능이 가장 크게 작용하는 시기가 초승달 영역입니다. 대인관계가 원만하지 않습니다. 아무것도 아닌 상대의 행동에 갑자기 의문을 품기도 하고, 뭔가 내막이 있진 않을까 하며 지나치게 의심하여 경계심이 더욱 많아집니다. 누군가가 배분해야 할 「재산」을 노리고 있다는 생각을 합니다. 「재산」은 당신이 아주 소중하게 여기는 유형 무형의 것으로 그 대상은 때로는 연인이나 친구였을 것입니다.

지나치게 의심이 많은 「상현달태생」은 억압당한다거나 어거지를 받게되면 누구든 상관하지 않고 히스테리를 부릴지도 모릅니다. 단, 구제하는 것은 「상현달태생」으로 서로 거리를 두고 접하는 것이 서툴어서 돌이킬 수 없을 때까지 관계가 삐뚤어지는 일은 없을 것입니다.

염려되는 것은 거리를 두는 것이 좋은건지 나쁜건지 단정지을 수 없다는 것입니다. 오래 교제를 했다면, 거리를 두는 것도 그 나름대로 괜찮겠지만 이제 막 시작해야 할 커플에게 있어 거리를 두는 것은 치명적일 수도 있습니다.

당신은 여하튼 상대인 「상현달태생」을 안심시키기 위해서는 데이트에서 손을 잡는다든가 하는 피부접촉이 효과적입니다. 섹스는 그런대로 될 것입니다.

어드바이스

고락(苦樂)을 같이한 동료와의 결속은 아무튼 단단한 것입니다. 초승달 영역이 다시 찾아옴에 따라 「상현달태생」끼리의 결속은 더욱 깊어질 것입니다. 가끔 어색하게 느껴질 위기도 찾아오겠지만, 그것을 참아넘기면 이전보다 훨씬 좋은 사이가 될 수 있습니다.

먼 장래의 관점에서 현재를 보면, 괴로운 일조차 즐길 수 있는 여유가 생겨나는 법입니다. 먼 미래의 행복을 위해 지금의 고통이 있는 것이라 생각하는 것은 결코 현실 도피가 아닙니다. 생각하기에 따라 모든 일은 즐거울 수 있습니다.

이 일주일동안 상대방이 품게되는 당신의 이미지

<table>
<tr><td><호의적인 경우></td><td><부정적인 경우></td></tr>
<tr><td>· 나만을 바라본다</td><td>· 경계받고 있다</td></tr>
<tr><td>· 지켜준다</td><td>· 차가운 시선이 느껴진다</td></tr>
<tr><td>· 성실하다</td><td>· 괴로워하는 것 같다</td></tr>
<tr><td>· 공평한 분배</td><td>· 거리가 있다</td></tr>
<tr><td>· 예리한 감성</td><td>· 뛰어들어 갈 수 없다</td></tr>
<tr><td>· 금방 느껴진다</td><td>· 비밀로 하고 있는 일이 있다</td></tr>
<tr><td>· 선견지명이 있다</td><td>· 무서워하고 있다</td></tr>
</table>

◑ 상현달
◑ 상현달 & 상현달 영역의 상성(相性)

— 길흉혼합(吉凶混合)

두 사람만의 세계. 사랑을 집중시키는 시기

「상현달태생」은 고양기입니다. 독특한 고조를 보이기 때문에 두 사람은 금방 뜻을 모을 것입니다. 어쨌든 상현달 영역에서 도를 지나칠 정도로 흥겨워 떠들어 댈 수 있는 것은 「상현달태생」뿐이기 때문에 서로 눈에 띕니다. 주위사람들이 상현달 영역에서 저조하게 되고, 그로 인해 상대적으로 우위(優位)에 서게되면 너무 기뻐서 어쩔줄을 모르게 됩니다.

기본적으로 냉정하고 경계심이 많은 종족이어서 고양기에 그 반동이 나올지도 모릅니다. 자기억제, 혹은 부끄러움이라는 제어장치가 어느새 풀려 때로는 도를 넘어선 행동으로 주위사람들을 놀라게 하는 것도 이 시기입니다. 그러나 상도(常道)를 벗어난 행동이 반드시 나쁜 결과만을 가져온다고는 할 수 없습니다. 금단(禁斷)의 문을 억지로 열어야만이 새로운 발견이나 새로운 가능성을 찾게되는 것입니다.

한번에 많은 일을 하지 못하는 서툰면도 있는 반면에, 한가지 일에 대한 집중력이 뛰어난 상현달태생은 사랑에 관해서도 뛰어난 집중력을 발휘합니다. 연애, 일, 스포츠, 예술활동애 성공을 거두게 될 시기! 그러나 고양기로 인해, 그 결과는 길흉혼합이 되고 맙니다.

어드바이스

「상현달태생」 커플은 상현달 영역에 있어 오로지 한 사람에게 집중하여 격하게 사랑할 수 있습니다. 정렬적이고, 농밀한 사랑은 사소한 오해나 만복감(滿服感)으로 인해 파경에 이를 수도 있지만, 같은「상현달태생」 커플은 서로 거리감을 만드는데 뛰어난 특성을 갖추고 있기 때문에 어중간한 사랑을 저속시키는 방법을 알고 있습니다.

그러나 만약 사랑의 총량(總量)이 정해져 있다면 당신은 그 사랑을 조절하여 천천히 쓰는 쪽을 택하겠습니까? 아니면 단번에 다 써버릴 것입니까?

이 일주일동안 상대방이 품게되는 당신의 이미지

<호의적인 경우>	<부정적인 경우>
· 바라는 대로 된다	· 정체를 알 수 없다
· 높이 날아오른 느낌	· 분위기를 잘 깬다
· 인상이 좋다	· 배타적이다
· 성적 매력이 느껴진다	· 말에 가시가 있다
· 기지(機智)가 풍부하다	· 박자 감각이 없다
· 분별있는 생활	· 융합하지 않는다
· 모든 면에 이해가 가능하다	· 참뜻을 알 수 없다

◐ 상현달 & 보름달 영역의 상성(相性)
◑ 상현달

— 길(吉)

상호 이해. 찬사의 말을 솜씨좋게 해주고 싶은 시기

보름달 영역을 맞이한 「상현달태생」은 정신적으로 안정되고 상쾌합니다. 주어진 인생을 멋지게 만끽하고, 그 감각을 모든이들에게 베풀어주고 싶을 만큼의 여유가 생겨납니다. 살아간다는 충실감으로서 적극적인 나날을 보내려고 애쓰며, 그것이 생각대로 되지 않으면 점점 안달하게 될 것입니다.

「상현달태생」은 받는 것보다 주는 타입이지만, 기본은 「give & take」입니다. take, 결국 되돌아보면 정신적인 것을 좋아하기 때문에 옆에서 보면 손해로 보이는 경우도 있습니다. 즉, 감사의 말을 듣는다든지, 칭찬을 받는다든지 하는 일에 굉장히 약합니다. 말에 대해 수줍은 것은 그것을 take로서 받아들이고 있다는 증거일 수 밖에 없습니다. 한편, 빼앗겼다든가 밟혔다든가 하면, 두 번 다시 접촉하는 것을 싫어하고, 게다가 고압적인 태도로 나오게 되면 상하 구분 없이 독설을 퍼붓는 협기적인 사람이기도 합니다.

친구와의 우정에도 연인과의 연애에도, 그런 경향이 나옵니다. 자기의 행동을 이해해 주면 희생을 치러서까지 상대에게 애쓰지만, 상대가 그런 당신에게 익숙해져서 감사의 마음이 소홀해져 버리기라도 하면 갑자기 토라져서 말도 않고 접촉하는 것조차 거부해 버립니다.

어드바이스

이성에 몹시 흥미가 있으면서도 막상 사귀게 되면 갑자기 위축되고 마는 당신에게 있어 보름달 영역은 마음든든한 일주일입니다. 같은 종족간의 동일성이 일어나 서로를 잘 알 수 있습니다. 예를 들어 용기를 내어 손을 잡으려는 순간에는 상대도 손을 내밀고 있습니다. 그런경우에도 상대가 「상현달태생」이라면 가능한한 감사의 말을 전해 주십시오. 또한, 이미 육체관계에 있는 커플은 언제라도 지속적이고 격렬한 상질(上質)의 섹스가 가능하여 임신할 확률이 높아집니다.

이 일주일동안 상대방이 품게되는 당신의 이미지

<호의적인 경우>   <부정적인 경우>

<호의적인 경우>	<부정적인 경우>
· 애정이 느껴져온다	· 참을성이 부족하다
· 겉과 속이 다르지 않다	· 의사표시를 분명히 하지 않는다
· 모두 충족된다	· 우물안 개구리격
· 가능성이 눈에 보인다	· 이성을 유혹하는 경향이 있다
· 의리가 두텁다	· 사소한 일도 원통하게 여긴다
· 부모님을 잘 섬긴다	· 회피한다

◑ 상현달
◑ 상현달 & 하현달 영역의 상성(相性)

— 길(吉)

관대함. 큰맘먹고 사랑을 고백할 찬스

하현달 영역을 맞이한「상현달태생」은 무슨 일이든 관대하게 용서할 수 있는 의연한 기분이 됩니다. 그래서 당신에게 승부할 적기라 하겠습니다. 즉, 상대인「상현달태생」도 관대해져 있습니다. 평소에 아무리해도 입밖으로 나오지 않았던 말을 큰맘먹고 고백할 찬스입니다.

사랑의 고백, 여태껏 마음에 걸렸던 용서 못할 부분에 대해서, 혹은 이별의 말, 애매하게 여기고 있던 부분을 말이라고 하는「언령(言靈)」에 의해 전달하고 분명하게 결단을 내리십시오. 감정을 숨김없이, 정직하게 전달받은 상대에게 비밀이나 사양은 금물입니다. 대답이 좋든 나쁘든 장기적으로 보면 두 사람의 인생에는 바른 해답이 됩니다.

말에만 한정된 것이 아니라, 행동 또한 그렇습니다. 아이디어는 있는데 발표하여 인정받지 못하면 큰 창피를 당할 수도 있습니다. 이런 생각은 경솔하게 보이지 않을까, 따위의 쓸데없는 걱정은 하지 말고「인생은 창피를 당해야만 비로소 성장하는 것」이라고 고쳐 생각하면 좋습니다. 하현달 영역은 허용된 일주일입니다. 반드시 용서받을 수 있을 것이라고 낙관적으로 행동하면 곧 움직인 보수가 돌아옵니다. 그러므로 아주 많이 움직이는 것이 상책일 것입니다.

어드바이스

「상현달태생」인 두 사람에게 있어서 서로 부족한 부분이 하현달 영역에 있습니다. 한 예를 들자면, 그것은 숨김 없는 정신적 교제입니다. 두 사람 사이에는 「사양·꺼리낌」이라는 거리가 있기 때문에 그것이 쌓이고 쌓여 어느새 「경계심」으로 변해 점점 어색해지기 시작할 것입니다.

하현달 영역에서 너그러워져 자기를 숨김 없이 드러내 보일 것입니다. 상대는 그 모습이 플러스적인 매력으로 보일 것입니다. 왜냐하면 상대도 「상현달태생」이니까요.

이 일주일동안 상대방이 품게되는 당신의 이미지

<호의적인 경우> | <부정적인 경우>

- 긴장을 풀어준다
- 미지의 세계로 여행
- 허물없이 지낸다
- 밝은 미래
- 의문점들이 싹 풀렸다
- 순조롭다
- 마음 써줘서 기쁘다

- 비뚫어진 성격
- 같은 공기를 마시고 싶지 않다
- 어쩐지 나른한 분위기
- 응성꾸러기
- 무례한 사람
- 착각하고 있다
- 남에게 폐를 끼친다

◐상현달 VS ○보름달

당신   상대

산뜻하고 가벼운 감각. 절묘한 거리감

일반적인 상성

「상현달태생」인 당신은 「보름달태생」인 상대에게 친숙함을 느낍니다. 두 종족 모두 끈질기게 달라붙는 뻔뻔스러움이 없고 솔직담백하기 때문에, 별탈없는 관계를 맺기에는 좋은 상성이라 할 수 있을 것입니다. 첫 만남인데도 쉽게 마음을 터놓는 좋은 친구가 될 수 있을 것입니다. 그러나 달이 지구에서 표면밖에 보이지 않듯이 「보름달태생」은 주위사람들에게 모든 것을 털어놓으려 하지 않습니다. 막상 접근해 보려고해도 어디까지가 본심인지 진의를 알 수 없어 고생할 것 같습니다. 상대와의 「거리」를 잴 수 없기 때문에 상대의 진의를 살피는 사이에 애정이 식어버릴 수가 있습니다. 「상현달태생」이 「거리」를 유지하는 특성이 있으므로, 두고보면 「보름달태생」은 매력이 철철 넘칩니다.

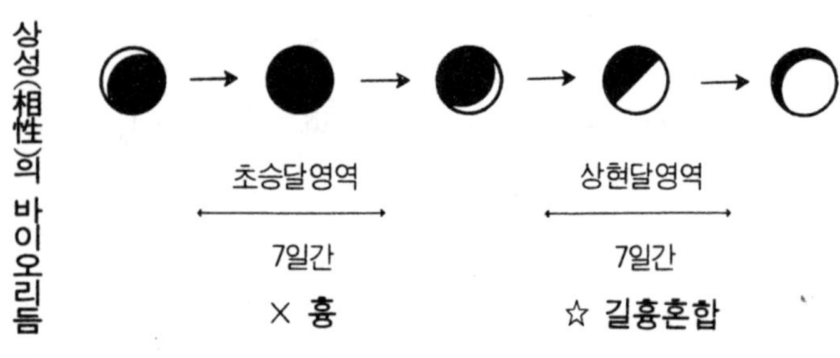

포인트

「거리」의 문제는 「상현달태생」에게 주어진 영원한 숙제입니다. 특히 「보름달태생」에 대한 거리관계는 더욱 미묘해집니다. 즉 깊이 사귈까? 아니면 대충 사귈까? 어느 쪽으로 「거리」를 유지할까? 하는 문제로 두 사람의 관계가 결정이 납니다.

호기심 많은 「상현달태생」과 생식본능이 강한 「보름달태생」은 섹스의 방향성이 전혀 다릅니다. 「상현달태생」은 섹스만이 전부는 아니라고는 해도, 그래도 아주 많이 경험해 보고 싶다는 욕망을 가지고 있기 때문에 「오는 여자 안 말리는」 일면이 있습니다. 한편 「보름달태생」은 양질(良質)의 섹스를 원합니다. 서로 안지 얼마 안 된 두 사람이 육체관계를 가지려고 하는 시기에 주저하고 망설이는 것은 「보름달태생」 쪽이지 당신은 아닙니다.

상대가 섹스를 원하고 있는지, 아니면 친구관계를 머물러 있고 싶은 지를 분명히 파악해두지 않으면 안 됩니다.

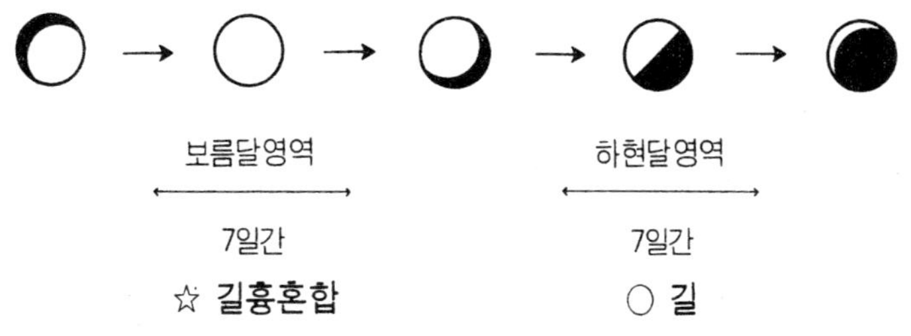

● 상현달 ○ 보름달 & 초승달 영역의 상성(相性)

- 흉(凶)

균형 안 잡힌 관계. 비생산적인 시기

「상현달태생」은 초승달 영역이 다시 찾아와 경계심이 싹 틉니다. 이런 시기에 상대의 상냥함에 애정의 감정을 품기라도하면 그것이 착각의 시작이 될 지도 모릅니다. 초승달 영역에서는 교제를 신중히 진행시켜나가는 편이 좋을 듯 합니다. 한편「보름달태생」은 껍질속에서 얼굴을 내밀고 잠시 놀아볼까나? 하고 생각하는 태세입니다. 본래의 특성과 다른 행동을 보이기 때문에 상대를 당황스럽게도 합니다. 예를 들어 아무런 생각없이 내뱉은 한 마디가 상대의 마음을 뒤흔들어 놓고 맙니다.

능동적이게 된「보름달태생」에게는 경계심을 품고 있는 당신이 소극적으로 보입니다. 당신의 그 분명치 않고 애매한 태도가 비난의 폭격을 받는 경우도 있습니다. 사소한 일로 질책당하기도 할 것입니다.

특히, 공동작업은 흉(凶)합니다. 애정이나 계획에도「상현달태생」이 브레이크를 걸기 때문입니다. 두 사람이 조화스럽지 못한 관계인데다가 자기 본위의 생각을 우선시하기 때문에 잘 되어갈 리가 없습니다. 이 기간에는 당신이「보름달태생」에게 맞추어가는 편이 바람직합니다.

어드바이스

그다지 권하고 싶지는 않습니다만 두 사람 모두 알고 있는 사람의 험담을 하면 상당한 성과를 볼 수 있습니다. 관찰력이 뛰어난 「상현달태생」은 험담거리를 잘 제공하니까 화제(話題)에는 부족함이 없습니다. 「보름달태생」은 평상시의 모범적인 태도로 참아왔던 짜증을 단번에 발산시킨다면 해방된 기분이 될 수도 있습니다.

두 사람의 싸움의 배출구로써 남에 대한 험담으로 울분을 푸는 것은 생산적이라고는 할 수 없습니다. 그도 그럴 것이 두 사람에게 있어 초승달 영역은 비생산적인 영역입니다.

이 일주일동안 상대방이 품게되는 당신의 이미지

〈호의적인 경우〉	〈부정적인 경우〉
· 냉정하고 침착하다	· 감성이 어긋나 있다
· 아첨하지 않는다	· 패기가 없다
· 분별력이 있다	· 괴짜·별난 사람
· 이론을 내세워 설득시킨다	· 불만투성이
· 현명하고 슬기롭다	· 무뚝뚝하다
· 머리가 좋다	· 고립되어 있다
· 빠른 결단에 홀딱 반한다	· 비밀이 많다

◗ 상현달 ○ 보름달 & 상현달 영역의 상성(相性)

— 길흉혼합(吉凶混合)

이해를 바랄 시기. 명랑하고 친밀하게

상현달 영역에서 고양기를 보낼 「상현달태생」은 상대에게 자기를 인정받고 싶어하는 행동이 유치하고 과장되게 나타나는 경향이 있습니다. 어른스럽게 행동하는 사람이 어린애처럼 행동을 해 버리는 퇴행화 현상은 심리학적으로도 자주 연구되고 있습니다. 「상현달태생」인 당신은 주위사람들로부터 별난 사람으로 여겨질 지도 모릅니다.

상대인 「보름달태생」은 상현달 영역으로부터 반발, 비판이라고 하는 배타적인 사인(sign)에 동조하여 점점 자신의 껍질에 틀어박혀 버리고, 자기방어적인 특성을 더욱 굳힙니다.

당신이 그 껍질을 없애주었으면 합니다. 「상현달태생」은 상대를 존중하는 타입이기 때문에 무리하게 상대의 내면으로 파고 들어가서 껍질을 틀어서 여는 방법은 취할 수 없지만, 상대에게 자력(自力)으로 껍질로부터 나오도록 유도는 할 수 있을 것입니다.

게다가 마침 당신은 고양기로서 명랑하게 행동하면 상대를 따뜻한 느낌이 들게 할 수 있습니다.

친숙한 연인이라면 서로 섹스가 숙달되어서 길(吉)하게

될 것입니다.

어드바이스

평소에는 자기주장이나 쓸데없는 참견을 싫어하는「상현달태생」이지만, 고양기에서는「보름달태생」인 상대에 대해서 이상한 제스처를 보이는 경우가 있습니다. 예를 들면, 둘이서 쇼핑을 나가서 자기가 쓸 고가(高價)의 상품을 충동구매로 사 버리기도 하고, 많이 먹는다든가, 만취해서 곤드레 만드레된다든가, 큰소리로 운다든가, 혹은 일부러 이성친구를 화제의 대상으로 삼기도 합니다.

이것들은 모두「보름달태생」의 주목을 받으려는 행동임에 틀림없습니다. 상대가 그것을 비난할 수도 있지만,「응석」으로 알고 받아주면 호감을 얻을 수 있을 것입니다.

이 일주일 동안 상대방이 품게되는 당신의 이미지

<호의적인 경우>	<부정적인 경우>
· 화제거리가 풍부하다	· 계산적이다
· 그릇이 크다. 통이 크다	· 너무 빨리 포기한다
· 좋은 사람이다	· 함정에 빠뜨리려고 한다
· 이론가	· 담박(淡泊)하다
· 독창적이다	· 생각을 알 수 없다
· 전세계적 시야	· 차갑다(냉정하다)
· 어른스러운 성적매력이 있다	· 독선적이다

◐ 상현달 / ○ 보름달 & 보름달 영역의 상성(相性)

— 길흉혼합(吉凶混合)

활기넘치는 시기. 다가서기에 안성맞춤

「상현달태생」은 보름달 영역에 들면 뭔지 모를 달성의욕(達城意慾)이 넘쳐납니다. 예를 들자면, 세모의 분주함이랄까? 활기는 있지만, 다소의 초조함으로 여기서 뭔가 하지 않으면 안 된다고 하는 심정으로 하루하루를 보냅니다.

상대인 「보름달태생」은 실로 징글벨적인 고양감(高揚感)에 젖어 있습니다. 걷고 있으면 노래라도 흥얼거리고 싶을 정도니까요. 주위의 사건들이 자기중심으로 일어난다고까지 착각합니다.

「상현달태생」이 해야 할 일은 붕 떠 있는 「보름달태생」인 상대를 내버려 두지 말고 곁에 꼭 붙어있어 주는 것입니다. 상대가 고양기에 있다는 사실을 의식한다면 약간의 참을성은 생길 것입니다. 그렇게하면 이 일주일동안은 「보름달태생」 주도로 움직이는 한, 실패조차도 포함해서 즐겁게 지나갈 것입니다. 보름달 영역에서는 주위사람들이 소극적이게 되고, 「보름달태생」이 가장 인기를 끌 시기입니다. 「상현달태생」인 당신에게 있어서도 다가가기에는 안성맞춤으로 길(吉)합니다.

또한 보름달 영역에서는 최고의 섹스를 느낄 수 있는데,

임신되기 쉬운 시기이므로 주의하십시오.

어드바이스

「보름달태생」은 고양기로 어떤 유혹에도 쉽게 넘어가는 경향이 있습니다. 부실을 싫어하는 「상현달태생」은 그런 상대에게 정나미가 떨어질 지도 모릅니다. 이렇게되면 「상현달태생」은 원래가 새로운 것을 좋아하기 때문에 새로운 이성을 원하는 계기가 될 것입니다.

헤어짐을 일부러 피했다면 헤어지고 싶지 않다는 의사표시를 할 필요가 있지만, 반드시 헤어짐이 서로를 불행하게 한다고는 할 수 없습니다. 「상현달태생」은 평생에 한정된 만남을 보다 소중히 여겨 살아가는 것이 충실한 인생을 보내는 것입니다.

이 일주일동안 상대방이 품게되는 당신의 이미지

<호의적인 경우>

- 기발한 섹스를 하고 싶다
- 고상하다
- 감각이 좋다
- 길잡이
- 연계를 끊어준다
- 흥미진진하다
- 어딘가로 데려가준다

<부정적인 경우>

- 감시당하고 있다
- 고립되어 있다
- 실패할 것 같다
- 변절자, 배신자
- 용모가 좀 떨어진다
- 외톨이
- 위험한 인생

● 상현달
○ 보름달 **& 하현달 영역의 상성(相性)**

— 길(吉)

가장 안정된 시기. 영원한 사랑을 맹세할 시기

하현달 영역에 들면「상현달태생」의 엄격한 특성은 관대해져서 모순, 의혹, 불성실, 낭비 등에 대해 타협할 수 있게 됩니다. 많은 사람들을 수용하여 융합할 수 있는 태세가 갖추어져 있기 때문에 주위사람들로부터 성실함을 인정받기 쉬운 시기이기도 합니다.

「보름달태생」인 상대는 고양기의 여파가 남아있습니다. 두 사람이 지난주를 바람직하게 보냈다면 계속해서 좋은 상태를 유지할 수 있을 것입니다. 그러나 성적인 에너지는 감퇴경향이 있고, 대신 모성본능(부성본능)에 의한 자애로움이 싹틉니다.

하현달 영역은「상현달태생」과「보름달태생」인 두 사람이 마음과 마음의 순수한 사랑을 영원히 맹세할 시기입니다. 연인끼리의 결혼약속은 길(吉)합니다. 서로 장래에 둥지를 틀 안주의 땅을 갖고 싶어지는 시기이기 때문에 이 찬스를 잘 살리기 바랍니다.

이제부터 도전하려는 당신은 상대의 모성본능을 자극하면 효과적입니다. 집으로 초대하는 것도 좋을 것이고, 결혼한 친구부부와의 더블데이트도 좋을 것입니다. 섹스를 원하는 것보다 가정적인 기분에 젖어들게 되는 데이트를 생각하는 것이 바람직합니다.

어드바이스

홈 파티(Home party)를 비롯해서 소규모의 모임을 주최한다든가, 노래방에서 논다든가 하여 친구나 아는 사람과의 모임을 중요하게 여기십시오. 화기 애애하고 떠들썩한 분위기가 두 사람의 관계를 더욱 깊게 만들 것입니다.

「상현달태생」과 「보름달태생」의 결합에서 가장 안정된 일주일입니다. 이 시기를 잘 이용하는 방법은 그저 같이 노는 것입니다. 당신이 소중히 여기는 혼자만의 시간을 상대와 공유하면 유유히 흘러가는 아주 행복한 시간을 보낼 수 있을 것입니다.

이 일주일동안 상대방이 품게되는 당신의 이미지

<호의적인 경우>	<부정적인 경우>
· 사랑받고 있다	· 책임을 전가한다
· 동료들이 좋아한다	· 바람기가 있다
· 의리와 인정이 많다	· 도움이 안 된다
· 안정감이 있다	· 붙임성이 부족하다
· 성실하다	· 멋에 대한 센스가 없다
· 응석을 받아준다	· 본심을 알 수 없다
· 행복이 이어질 것 같다	· 과보호당한다

일반적인 상성

「상현달태생」과 「하현달태생」은 원만하게 지내면 강한 인연이 맺어질 두 사람입니다. 「상현달태생」에게 있어 하현달태생은 친숙하고 편한 존재이고, 온화한 마음이 매력적! 그러나 실생활에서는 「하현달태생」의 모습은 베일에 싸여 있어 상대를 알기에는 시간이 걸릴 것입니다. 친화성이 많은 「하현달태생」을 자기주장이 없는 인간으로서 파악해 버리기 때문입니다.

「상현달태생」이 사랑을 표현하면 두 사람은 급속히 발전해 갈 것입니다.

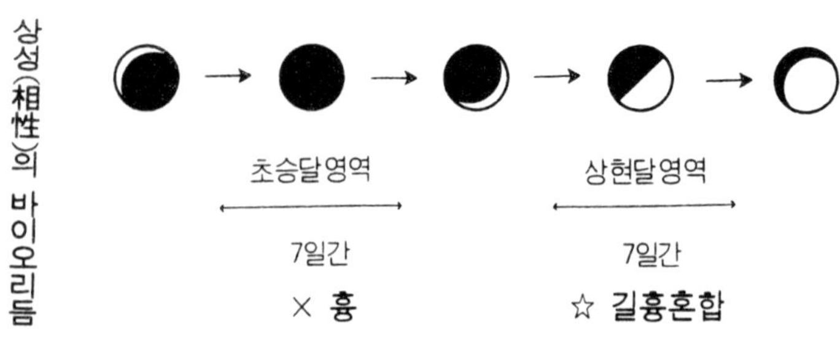

포인트

　「상현달태생」에게 있어 「하현달태생」은 아주 인상이 흐리고 마치 공기와 같은 존재로 주목받기 힘든 인연입니다. 그렇다고는해도 그다지 밉다거나 보기싫지 않기 때문에 어떤 기회로 신뢰관계가 맺어지면 오래도록 좋은 관계를 유지합니다.

　오래전부터 곁에 있었는데도 사랑을 늦게 의식하는 커플을 예로 들자면 학창시절에 교실이나 클럽활동에서 알게되어 그대로 골인한 커플이나 사내교제(社內交際)커플이 그렇습니다.

　당신 주위에 있는 하현달태생을 살펴보십시요. 누가 하현달태생인지를 알면, 이번에는 그 사람이 당신에게 있어 어떤 존재인가 생각해 보십시요.

　「상현달태생」과 「하현달태생」인 두 사람은 별 충돌없는 만남으로 서로 스쳐지나가고 아니면, 그저 아는 사람중에 한 사람으로 끝나는 경향이 있습니다. 그러나 한번 사귀어 보면 서로에게 부족한 점을 보충하면서 멋진 사랑을 유지시켜 평화스런 가정을 이루어 갈 것입니다.

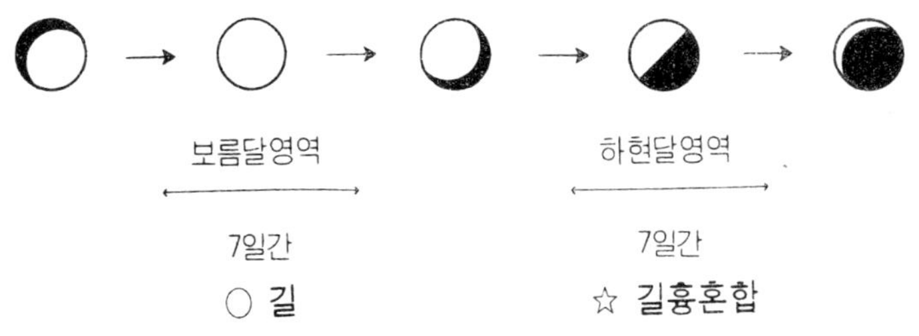

◑ 상현달
◑ 하현달 & 초승달 영역의 상성(相性)

— 흉(凶)

감정폭발. 부자연스런 일주일

「상현달태생」은 초승달 영역으로부터 수확·약탈·파괴의 사인(sign)을 받아들입니다. 그 때문에 자기편은 누구누구인지, 혹은 잠재적인 적은 누구누구인지 필요이상으로 분류하여 경계선을 긋고 자신을 지키려 합니다.

한편 「하현달태생」은 초승달 영역에서 「초승달태생」과 같은 특성을 보입니다. 평소에는 여러 가지로 두루 마음을 쓰고 집단에게 없어서는 안 될 존재인데도 이 시기에는 숨기고 있던 자기 생각이나 의지 따위를 노골적으로 나타내고 때로는 힘으로 주위사람들을 억지로 억누르려고 합니다. 「하현달태생」은 가장(家長)의 자리를 노리는 것입니다.

「상현달태생」인 당신에게 겨우 눈에 띄게 된 「하현달태생」의 모습은 마치 「초승달태생」의 가면을 쓰고 있는 듯합니다. 당신은 상대의 안좋은 부분만 보이기 때문에 저항할지도 모릅니다. 상대도 뜻대로 되지않는 당신에게 애를 태우면, 결국 두 사람의 관계는 흉(凶)하게 됩니다.

초승달 영역은 「상현달태생」과 「하현달태생」의 관계를 어색하게 만드는 위험한 영역이라 할 수 있겠습니다.

어드바이스

　상대의 좋지않은 면을 보더라도 쉽게 결론을 내리지 말고 서로의 상태가 바뀔 다음주까지 가만히 지켜 보십시오. 흥분해서 단번에 감정을 폭발시켜버리는 것은 서로에게 결코 플러스가 되지 않습니다.

　상대를 완전히 파악하지 못하는 상태에서는 더욱 참을성이 요구됩니다. 자신과 서로 다른 것은 어떤 부분인지 또는 마음에 안드는 부분은 어디인지를 발견하고, 그 좋지않은 점이 초승달 영역에 영향을 받아서 그렇다는 것을 알면 허용범위는 넓어질 것입니다.

이 일주일동안 상대방이 품게되는 당신의 이미지

<호의적인 경우>	<부정적인 경우>
· 흑백이 분명하다	· 비밀투성이
· 배려가 깊다	· 화를 잘 낸다
· 친절하다	· 반대의견이 많다
· 정직하다	· 저자세적인 태도
· 냉철한 판단을 내린다	· 원만하지 못하다
· 초지일관자(初志一貫子)	· 혼자서만 처리하려 한다
· 순수하다	· 성격이 안 맞다

◑ 상현달 & 상현달 영역의 상성(相性)
◐ 하현달

— 길흉혼합(吉凶混合)

분기점. 일이냐? 연애냐?

상현달 영역을 맞이한 「상현달태생」은 고양기입니다. 이 시기에는 성공과 실패의 분기점이 될 것 같습니다. 가벼운 마음으로 자신의 역사를 돌이켜 보십시요. 행운을 잡은 날, 말다툼한 날, 어이없는 경험을 한 날, 도박으로 크게 이긴 날 등 강한 인상이 남아 있는 사건들을 떠올리면, 그 대부분은 상현달 영역이 분기점이 될 것입니다. 그것이 달의 위력이며, 달이 이끌어낸 당신의 위력인 것입니다.

상대인 「하현달태생」은 보통 때라면 명랑하게 떠들지만 상현달 영역에 들면 삐에로를 연상하게 됩니다. 떳떳치 못한 생각이 항상 따라다니는 것은 주위사람들을 즐겁게 해주면 도대체 뭐가 남지? 하는 의문을 가지기 때문입니다.

「상현달태생」은 일에 몰두할 수 있으면 성과를 올릴 수 있습니다. 고양감에 몸을 맡기고 놀아도 어린아이처럼 돌아다니면서 즐겁게 보낼 것입니다. 일을 택하면 사랑은 소홀해지고, 연인을 택하면 우울해진 상대에게 활력을 줄 수 있습니다.

「하현달태생」 공략법은 여기 있습니다. 조용해진 상대에게 원기를 북돋워주는 일은 「하현달태생」에게 있어 최고의 선물입니다.

어드바이스

기본적으로는 「하현달태생」인 상대와 사이가 좋아질 영역입니다. 그러나 고양기에는 자기중심적이 되어 자신과의 비교로 밖에 상대를 볼 수 없기 때문에 사태를 좋은 방향으로만 생각하는 것이 아니라, 나쁜 방향으로 해석하기도 하여 양극단을 달리는 경향이 있습니다. 상대의 나쁜 점이 눈에 띌 때에는 두 가지 해답을 찾을 수 있습니다. 하나는 숨겨져 있던 상대의 정체를 알아차리는 것, 또 하나는 정말이지 오해로 끝나는 것입니다. 그렇지만 어느 쪽으로 돌려 물음표를 찍겠습니까? 고양기에는 상대가 아니라 당신자신에게 있는데……

이 일주일동안 상대방이 품게되는 당신의 이미지

<호전적인 경우>	<부정적인 경우>
· 친숙함이 있다	· 이념이 없다
· 즐겁다	· 장래에 불안을 느낀다
· 여자다움(남자다움)을 느낀다	· 경박하다
· 공동작업이 잘 된다	· 애정이 엷다
· 웃는 얼굴이 인상적이다	· 뜻이 통하지 않는다
· 일의 내용이 특출나다	· 나는 뒤로 밀린다
· 마음이 맞다	· 성의가 없다

◑ 상현달
◐ 하현달 & 보름달 영역의 상성(相性)

— 길(吉)

여럿이 모여 보내야 할 시기

보름달 영역에 들면 「상현달태생」은 신경이 예민해집니다. 머릿속이 떨떠름한 생각들이 완전히 사라진 상태로 정신활동에 알맞습니다. 두뇌노동, 혹은 독서 등에 몰두할 시기입니다. 그러나 고양기직후인만큼 체력면에서는 이미 한계에 이릅니다.

한편 「하현달태생」은 시종 기분이 좋아서 동성 이성 구분없이 사람과의 접촉을 원하고 활발한 움직임을 보일 것입니다.

「상현달태생」인 당신은 농밀한 나날을 보낼 수 있을 것 같습니다. 낮에는 학업이나 일로 충실감을 느끼고, 밤에는 놀이로 발산하는 풀가동으로 일주일동안 즐깁니다. 놀이상대로는 활동기인 「하현달태생」이 가장 적당하고, 유혹하면 금방 O·K 할 것입니다. 주위사람들의 기분이 유쾌해져 있기 때문에 모두 모여 왁자지껄 떠들어 대는 것이 좋을 것입니다.

당신이 「하현달태생」인 파트너에게 어디까지 기대하고 있느냐에 달려있습니다. 우선 이 시기에 섹스를 하려면 피임에 신경을 쓰십시오. 보름달 영역은 임신하기 쉬운 시기입니다.

어드바이스

　정신면에서 집중할 수 있는 당신이지만, 여하튼 고양기를 보낸 직후이기 때문에 사소한 방심이 원인이 되어, 큰 상처를 입어 문병을 받게 될 위험성이 보통 때보다 높아 주의가 요구됩니다. 억지로 주위에 맞추지 말고 자기 페이스를 지켜 느긋하게 여유를 가지고 생활하십시오.

　보름달 영역의 왁자지껄함 속에서는 특히 관용의 자세를 취하지 않으면 친구나 아는 사람에게 환멸을 느낄지도 모릅니다. 그 대상이 너무 신이나서 들뜬「하현달태생」이 아니길 빕니다.

이 일주일동안 상대방이 품게되는 당신의 이미지

<호의적인 경우>	<부정적인 경우>
· 냉정하고 침착하다	· 쓸데없이 모든 일에 이론만 캔다
· 정확하게 지시한다	· 동료간에 평이 나쁘다
· 감탄할만한 발상	· 늙은이 같다
· 잘 되어갈 것 같다	· 너무 가라앉아 있다
· 방향이 분명한 의견	· 시치미를 뗀다
· 먼 장래를 내다본 행동	· 호색가
· 신중하다	· 잔혹하다

상현달 하현달 & 하현달 영역의 상성(相性)

— 길흉혼합(吉凶混合)

연대감. 같이 놀기에 가장 좋은 시기

「상현달태생」이 하현달 영역에 들면 패기를 잃어버리는 경향이 있습니다. 무슨 일이든 귀찮아서 뒤로 미루고 싶어집니다. 그렇게 불만스러운 것은 외부로부터의 자극을 바라고 있다는 증거입니다. 외로움을 잘 타는 사람의 고독벽(孤獨癖)이 얼굴에 나타나 있습니다. 그리고 머지않아 초조감에 시달리게 되겠죠? 대신 「하현달태생」은 고양기입니다. 그렇지 않아도 명랑하고 밝게 행동하는 「하현달태생」이 최고조기에 달하는 시기입니다. 이 시기에는 「하현달태생」이 먼저 말을 꺼내어 술자리를 가지게 될 것 같군요. 그리고 당신은 귀찮은 듯이 행동하면서도 내심 기다리고 있었다는 듯이 참가하겠죠? 당신은 집단 속에서 즐겁게 보낼 「하현달태생」을 부러워하며 호감을 가지고 바라봅니다. 애정의 감정까지는 생기지 않더라도 같이 있어 즐거우면 보고싶어지는 것은 인지 상정이지요. 그런 「하현달태생」과 사귀고 싶다면 친구로서 접근하는 것이 무난합니다.

또한 흥겨운 놀이를 따라하지 않으면 소심한 놈이라고 놀림을 당하는 경우도 생깁니다. 그렇지만 당신의 인생에 있어서 잃고싶지 않은 상대이기도 합니다.

어드바이스

　원래 서로 끌어당기는 힘이 약한 사람끼리라도 힘을 뻗치고 있는 「하현달태생」의 존재를 당신은 느끼지 않을 수 없습니다. 여태까지 알아차리지 못했던 부분이 빛을 받은 듯이 훤히 보입니다. 거기에는 좋지 않은 부분도 있지만, 기본적인 궁합은 좋기 때문에 대체로 호의적으로 받아들일 수 있을 것입니다.

　다음주 초승달 영역에 들어 「하현달태생」의 나쁜 점이 과장되어 보일 때까지 관찰하는 것도 한 방법입니다. 「결혼 전에는 두눈으로 보고, 결혼한 후에는 한쪽 눈을 감으라」는 말을 명심하십시오.

이 일주일동안 상대방이 품게되는 당신의 이미지

<호의적인 경우>

· 지적이다
· 얘깃거리가 지루하지 않다
· 나를 지켜보고 있다
· 재치가 있고 눈치가 빠르다
· 얘기가 잘 통한다
· 장래 포부를 가지고 있다
· 서글서글하다

<부정적인 경우>

· 감성이 너무 다르다
· 의욕이 결여된 인생관
· 기력이 없다
· 초조해 한다
· 조사당하고 있다
· 융통성이 없다
· 재미없다

○보름달 VS ●초승달

당신   상대

수비와 공격의 이상적인 결합

일반적인 상성

이상적인 관계입니다. 「보름달태생」에게 호감을 가지는 사람은 많지만, 보수적인 성향이 강한 「보름달태생」은 수비가 단단하여 제자리걸음을 하고 있는 상태입니다. 그점에 있어서 하고싶은 말을 하고, 하고싶은 행동을 할 수 있는 「초승달태생」의 강함이 효력을 발휘합니다. 물론 「보름달태생」은 「초승달태생」에게도 거리를 두고 거부반응을 보입니다. 그런데 그런 벽을 아주 쉽게 넘어버리는 것이 「초승달태생」인 것입니다. 쌍방의 연애는 수비(defense)와 공격(offence)으로 나뉘어집니다. 게다가 수비쪽은 은근히 공격당하기를 바라고 있습니다. 만약 「초승달태생」인 상대가 당신의 아성(牙城)을 함락시키는 날이오면, 둑을 터트린 것처럼 두 사람의 사랑이 타올라 갈 것입니다.

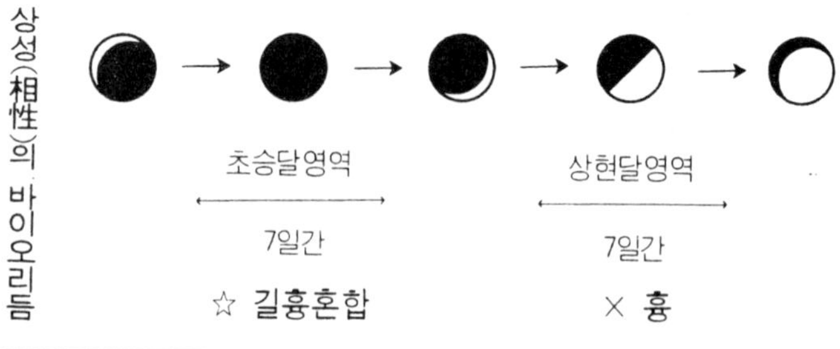

포인트

연애면에서는 「보름달태생」보다 「초승달태생」쪽이 반할 체질입니다. 역시 「보름달태생」은 멋쟁이인 데다가 첫인상이 호감을 주기 때문에 짝사랑의 대상이 되는 경우가 많습니다.

「보름달태생」은 사람의 마음을 끄는 힘을 발휘하여 어느 순간 상대를 정복해 버립니다. 물론, 용모가 준수하지 않더라도 말투, 행동, 전체균형(proportion), 애교 등 사람의 마음을 끄는 매력은 아주 많습니다. 이러한 매력은 성적인 매력이 아닌데도 그렇게 보이며, 그것은 아마 생식적인 것으로부터 오는 것 같습니다. 말하자면 보름달의 위력을 한몸에 받은 느낌이랄까요?

「초승달태생」은 상대를 힘으로 정복하려 듭니다. 그 무기는 미모이기도 하고, 지위 · 금전 · 끈기 · 밀어붙이기 등 여러 가지 입니다. 쌍방의 연애는 얼핏보아 「초승달태생」의 도전으로 보이지만 사실은 「보름달태생」이 장치해 놓은 덫에 걸린 것이라 보아야 합니다.

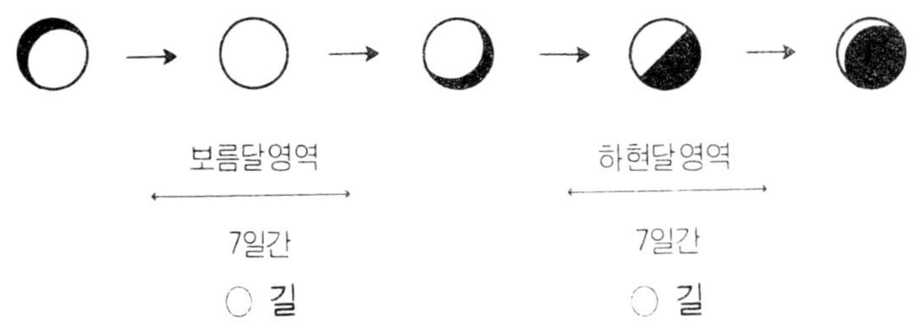

○ 보름달
● 초승달 & 초승달 영역의 상성(相性)
—길흉혼합(吉凶混合)

행동할 시기. 실패를 두려워하지 말고 가벼운 마음으로 도전할 것

초승달 영역을 맞은「보름달태생」은 적극적으로 행동하고 있습니다. 입학, 취직, 전직(轉職) 등의 전환기에도 희망을 가지고 강경하게 나아갈 것입니다. 눈앞의 시련이나 목표를 깨끗이 처리할 수 있는 이미지를 가질 수 있는 시기입니다. 대신「초승달태생」은 고양기입니다. 강하게 밀고나가는 것은 누구에게도 뒤지지 않지만 한 곳에 눌러앉지 못하고 사방팔방 여러 곳을 뛰어돌아다니며 참견한 결과 좋은 것만 낚아채어 자기의 공으로 해 버리는 억지가 눈에 띌 것입니다.

상처입는 것이 두려운 나머지 평소에는 무기력한「보름달태생」이라 할지라도 이 기간에는 과감하게 사랑의 모험을 할 수 있을 것 같습니다. "밑져야 본전이다. 부딪쳐보자."는 기분으로 가볍게 도전해 보십시오. 다행히 상대로 고른「초승달태생」은 고양기이기 때문에 세세한 부분은 신경쓰지 않습니다. 평소보다는 탐욕스러워져 있기 때문에 데이트 신청을 거절할 우려는 조금도 없을 것 같습니다.

단지, 그 정도로 당신을 좋아하는 것도 아닌데 육체관계만을 요구하는 경우가 있기 때문에 정신차리고 끝까지 지켜볼 필요가 있습니다.

어드바이스

언제나 수동적인 「보름달태생」의 당신은 가끔은 상처받을 것을 각오하고서라도 먼저 무엇을 하도록 꼬셔보면 좋은 연애경험이 될 것입니다.

자신을 끝까지 지켜 무난히 보낸다고 해도 하다못해 창피를 당하더라도, 무엇인가 후회가 남는 법입니다. 당신에게 있어 어느 쪽이 후회로 이어지는지, 성공으로 이어지는지 길흉혼합하고 있지만, 적어도 초승달 영역은 행동하기에 알맞은 시기입니다. 덧붙여 말하자면 다음주는 차분히 생각하기에 가장 좋은 상현달 영역에 들어갑니다.

이 일주일동안 상대방이 품게되는 당신의 이미지

<호의적인 경우>

- 악동감이 있다
- 즐기는 법을 알고 있다
- 기운을 내서 일에 임한다
- 자신만만하다
- 정열가
- 남에게 상처입히는 것을 싫어한다
- 나를 이해한다

<부정적인 경우>

- 방탕아, 난봉꾼
- 이리저리 끌려다닌다
- 유리한 쪽으로 행동한다
- 짜증이 난다
- 배짱이 없다
- 답답하다
- 상대해주지 않는다

○ 보름달
● 초승달 & 상현달 영역의 상성(相性)

—흉(凶)

냉각기간. 무리해서까지 만날 필요가 없는 시기

상현달 영역에서의 「보름달태생」은 안이 잘 들여다 보이는 방에 격리되어져 있는 것 같은 느낌입니다. 눈앞을 지나가는 사람들에게 목소리가 들리지 않듯이 자기의 생각이 상대에게 잘 전달되지 않습니다.

상대인 「초승달태생」도 상현달 영역에서는 약간 천진난만하고 순진합니다. 고양기에서의 열의가 식고 귀찮은 일에 싫증이 납니다. 그러한 일들을 지적받기도 하고, 주의당하게 되면 귀찮아지고 현실을 잘못된 것이라 생각하면 재출발을 노릴 수도 있습니다. 답답한 과거를 깨끗이 지워버리고 홀가분해지려는 위험성이 있습니다.

연애중인 당신은 좀처럼 당신의 기분을 이해해 주지않는 상대가 어디까지 자기를 생각해 주고 있는지 의문을 가지게 됩니다. 부지 불식간에 서먹서먹한 태도로 접하게 되고 창문너머로 냉정하게 바라다보면, 상대의 결점이 보입니다. 그렇지만 그것은 고양기직후의 피로가 원인이기 때문에 너그러이 봐주는 일이 아주 중요합니다. 무리한 주문이나 혹독한 평가를 내리면 「초승달태생」의 반격을 받아 「그럼, 낡은 사랑이여 안녕～ 」이라고 단번에 최악의 장면을 맞을지도 모릅니다.

어드바이스

「보름달태생」과 「초승달태생」에게 있어 상현달 영역은 괴로운 시기입니다. '서로 사랑이 식어버린건 아닐까?'하고 의구심을 가집니다. 막상 만나도 이 시기에는 대화도 뚝 끊어지는 경향이 있습니다. 평소와 다른 상대에게 서로가 당황해 할 것입니다. 억지로 끄집어낸 화제가 발단이 되어 싸움이라도 하게되면 어찌할 도리가 없습니다.

위험한 상태, 혹은 별 재미가 없을 때에는 무리하게 만나지 않는 것이 상책입니다. 그냥 내버려 두더라도 다음주에 보름달 영역이 찾아와서 모든 일이 잘 되어가기 시작할테니까요.

이 일주일동안 상대방이 품게되는 당신의 이미지

<호의적인 경우>	<부정적인 경우>
· 참신한 멋쟁이	· 무시당하고 있다
· 색다른 시점에서 생각한다	· 일촉 즉발(一觸卽發)
· 마음대로 하게 해준다	· 의무적인 데이트
· 분별력이 있다	· 조사당하고 있다
· 자기생각을 가지고 있다	· 대화가 활기차지 않다
· 정신적인 강인함이 있다	· 고압적인 태도
· 미래에 대한 비젼이 있다	· 미움받고 있다

○ 보름달
● 초승달

& 보름달 영역의 상성(相性)

— 길(吉)

진전. 파티가 만남의 기회

보름달 영역에 들어 고양기를 맞은 「보름달태생」은 이성을 의식하지 않고는 견딜 수가 없습니다. 이성의 수(數)가 많은 장소에는 눈에 띄는 옷을 입고 나가고 싶고, 두 사람만 있으면 옷을 벗어 섹스하고 싶을 것입니다. 여하튼 심장 맥박수도 올라갈 만큼 고양감에 충만되어져 있기 때문에 도를 넘어설까 걱정입니다.

대신 「초승달태생」은 보름달 영역에서 심신이 충만합니다. 지도력을 발휘하여 주위사람들을 리더해 나갑니다. 좋은 방향으로 나오면 성공하지만, 반드시 그렇다고는 할 수 없는 것이 초승달태생의 특성입니다.

「보름달태생」과 「초승달태생」은 이 시기의 최상의 만남을 할 것 같습니다. 특히, 보름달태생인 당신은 가장 인기를 끌 시기이지요. 「첫인상이 좋다」라고 하는 특성을 살리기 위해서는 당신의 센스를 꼭 보여줄 것!

하지만 기발한 패션만이 하이센스는 아닙니다. 자신에게 어울리는 표현이 주위사람들의 시선을 모을 것입니다. 크고 작은 파티가 만남의 기회를 확대시키기 때문에 적극적인 참가가 필요시됩니다.

어드바이스

데이트는「초승달태생」의 기획에 맡기십시오. 편리하게 일이 진척되어 갑니다. 이 시기에 두 사람의 관계는 혼담이 오갈 정도로 진전하는 경우도 있습니다. 그러나 당신은 고양기여서 중요한 약속은 정식으로 수습을 거쳐 결단을 내리는 편이 좋을 듯합니다.

「초승달태생」인 상대와 좀더 친밀한 교제를 바란다면, 상담을 핑계삼아 접근하는 것은 어떨까요? 적극적이게 된 상대는 가까운 친척처럼 정성껏 얘기를 들어줄 것입니다.

한편, 금방 만난 섹스는 보름달 영역이기 때문에 피임에 유의하십시오.

이 일주일동안 상대방이 품게되는 당신의 이미지

<호의적인 경우>	<부정적인 경우>
· 호인이다	· 알짱알짱 귀찮다
· 견실하다	· 애정을 자랑으로 여긴다
· 꽉 껴안아 주고 싶다	· 진보가 없다
· 믿음직스럽다	· 남에게 돈을 쓰게 한다
· 행동도 매력적이다	· 제 몫을 다하지 못한다
· 같이 놀고 싶다	· 성실치 못하다
· 지켜주고 싶다	· 너무 떠들어댄다

○ 보름달
● 초승달 **& 하현달 영역의 상성(相性)**

— 길(吉)

우애. 형제처럼 사이좋게 지낼 수 있는 시기

하현달 영역을 맞은「보름달태생」은 주위사람들에게 동조하려는 나머지 어수룩해지는 경향이 있습니다. 부탁을 받으면 그 장소에서 딱 잘라 거절하지 못하고 질질 떠맡겨질 처지에 이르게도 됩니다.

의사고양기(p40)로 어쩔 줄 모르는「초승달태생」에게 있어(의사고양기의 징조가 있으면 초승달 영역을 참조해 주세요) 하현달 영역의 도래는 여행을 끝내고 고향이 보이는 장소까지 돌아온 느낌입니다. 우뚝 멈춰서서 휴! 하고 내쉬는 안도의 한숨! 긴장을 풀면 발걸음은 가벼워질 것입니다.

지금 사귀려하고 있던지 이미 사귀고 있었던지 관계없이 하현달 영역에 든 두 사람은 좋은 분위기에 있습니다. 딱딱하게 긴장하지 않고 사귈 수 있고, 어디로 데이트를 가더라도 즐거울 것입니다. 연인과 친구의 경계선을 넘어 사이좋은 형제처럼 천진 난만하게 놀 수가 있습니다. 그것을 완전히 친해진 것이라 인식하는 사람은, 자극적인 쇼를 보러 갈 것을 권하고 싶습니다. 예를 들어 프로레슬링, 복싱 등의 격투기나 혹은 익살을 떨어 스트립 쇼를 둘이서 보러가는 모험도 좋은 경험이 될 것입니다.

어드바이스

「보름달태생」은 원래 부탁을 받기 쉬운 타입입니다. 본인은 자신만이 가장 중요하기 때문에 거절하고 싶은데도 하현달 영역에서는 주저하고 맙니다. 원인은 거절이라도 하게되면 주위사람들이 어떻게 볼까하는, 결국은 자신의 입장을 걱정하는 것이겠지요.

손해보기 쉬운 당신이 하현달 영역에서 호감가는 「초승달태생」인 상대를 사로잡는 방법은 바지런하게 수고를 아끼지 않고 돌보아 주는 것입니다. 세세하게 신경쓰는 모습을 보이면, 상대는 반드시 당신을 좋아하게 될 것입니다. 설령, 연애감정을 일으키지 못하더라도 친구로는 지낼 수 있을 것입니다.

이 일주일동안 상대방이 품게되는 당신의 이미지

<호의적인 경우>	<부정적인 경우>
· 모든이가 친숙하게 여긴다	· 실질이 따르지 않는다
· 수준 높은 친구관계	· 인정미가 없다
· 부자처럼 보인다	· 주위사람을 너무 의식한다
· 두루 신경 써준다	· 구실(핑계)가 많다
· 의외로 가정적이다	· 판단력이 부족하다
· 잘 보살펴 준다	· 금방 질투한다
· 놀면 즐겁다	· 모험심이 없다

당신 ○보름달 VS 상대 ◑상현달

천천히 나아가는 강건너의 두 사람

일반적인 상성

「보름달태생」에게 있어 「상현달태생」은 손에 넣기 힘든 상대입니다. 첫 대면에서는 마음이 맞는데, 두 사람사이에는 보이지 않는 강이 흐르고 있는 것 같습니다. 강은 지극히 작은 시내에 지나지 않지만, 범람할 우려가 있어 튼튼한 사랑의 가교가 놓여질 때까지는 강이 마음에 걸립니다. 두 사람을 막고 있는 작은 강은 동시에 두 사람의 관계를 중개하는 존재이기도 합니다.「상현달태생」이 얘깃거리를 제공하여 의외로 활기를 띠게되는 것은 그런 이유에서입니다. 하지만 「좋은 사람이다!」라고 생각하고서는 다음날이 되면 태도가 완전히 바뀌어버리는 변덕쟁이 상현달태생은 보름달태생에게 있어 역시 수수께끼의 달종족으로 비칩니다.

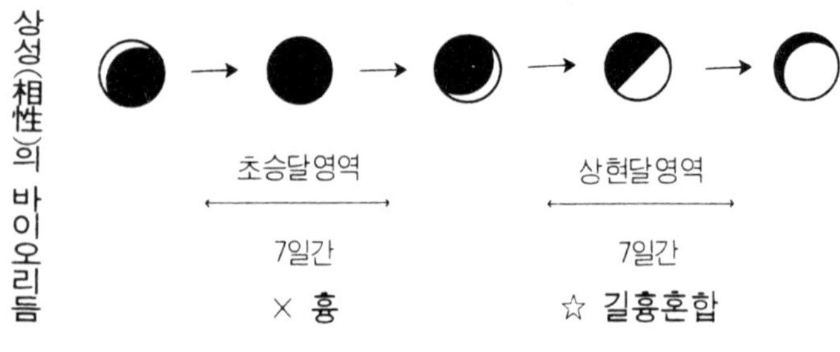

포인트

　평범한 길을 자기페이스대로 나아갈 때에는 기분좋은 「보름달태생」이지만 「상현달태생」과 접촉하자마자 갑자기 평범한 길이 「의미있는 길」로 느껴져 당황하고 맙니다.

　하현달 영역과 초승달 영역을 능동적이라고 보면, 상현달 영역과 보름달 영역은 수동적이지만 본질은 서로 비슷합니다. 서로 비슷한 다른 상대는 마음에 걸리는 것이 당연하다 할 수 있습니다.

　「보름달태생」은 왜 「상현달태생」인 상대가 거기에 있는가만이 마음에 걸려 쓸데없는 경계를 하게되고, 최악의 경우에는 상대를 「무겁게」 느끼고 맙니다. 결국, 이들은 모두 「보름달태생」 혼자 설치는 것들입니다.

　「보름달태생」에게 있어 「상현달태생」은 여러 가지로 부(富)를 가져다 줄 귀중한 사람입니다. 그러나 기나긴 인생을 함께 걸어가려고 결심하기까지는 우여 곡절이 있을 것 같습니다. 그것을 극복하여 서로 충분히 이해하는 커플은 오래도록 안정된 교제가 가능할 것입니다.

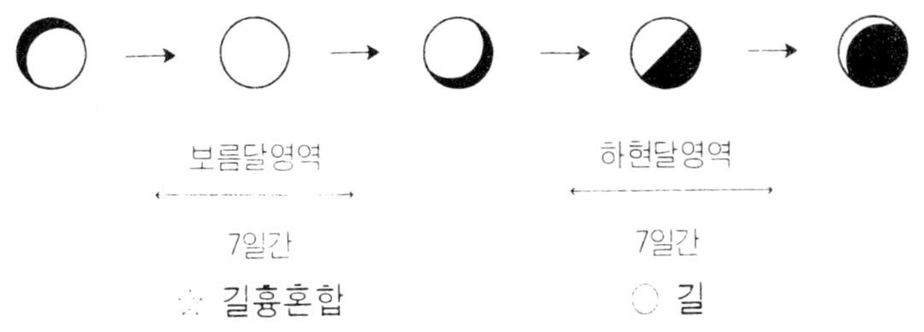

○ 보름달
● 상현달 **& 초승달 영역의 상성(相性)**

− 흉(凶)

요주의. 위기를 극복해야만이 진정한 사랑이 이루어짐

주도권을 잡는 타입이 아닌「보름달태생」이 초승달 영역에 들면 성급해져서 주위사람들에게 명령이나 부탁을 합니다.「보름달태생」이 대외적으로 강경해진 것은 좋은 현상이지만, 반드시 성공으로 직결된다고는 할 수 없습니다. 머지 않아 초조해지면 힘이 안쪽으로 쏠려 화를 쉽게 낼 것입니다.

한편「상현달태생」은 초승달 영역에서「파괴」의 사인(sign)을 받아 의심이 지나치게 많아지고 일이 있을 때마다 갈피를 못잡게 됩니다.

이 시기의「보름달태생」은「상현달태생」의 우유 부단함에 화를 낼 것입니다. 일상생활, 일, 놀이 등에 정해진 패턴이 없는「상현달태생」은 한번 갈피를 못잡으면 혼란을 일으키고 깊은 미로에 빠지고 맙니다.

그런 상대를 당신이 책망하게되면,「상현달태생」에게 엉겁결에 반격을 받을 것입니다. 여하튼 공정함을 가지고 비판하는 힘이 뛰어난 상대이므로 당신도 비난을 받으면 참을 수 없습니다. 초승달 영역은 두 사람에게 있어 요주의(要注意)의 시기입니다.

어드바이스

「보름달태생」이 화를 잘 내게 되는 것은 「자기보존」의 특성 탓입니다. 본래는 보수적이고 좀처럼 모험하려 들지 않는 타입인 당신은, 초승달 영역의 위력을 이용해서 스스로를 도발하여 화내는 것으로 총체적인 균형을 잡으려 하고 있습니다.

그 화풀이 대상이 종종 파트너인 「상현달태생」이 되는 것은 두 사람에 있어 시련이라 생각하십시오. 참는 것만이 인생은 아닙니다. 또, 그런 위기를 극복해야만이 진정한 연인의 자격을 얻을 수 있는 것입니다.

이 일주일동안 상대방이 품게되는 당신의 이미지

\<호의적인 경우>	\<부정적인 경우>
· 자극적이다	· 폭력적이다
· 명랑하고 쾌활하다	· 시건방지다
· 얘기가 활기를 띤다	· 지나치게 강경하다
· 운동을 잘 하는 것 같다	· 겉치레를 좋아한다
· 행운이 따른다	· 모순덩어리이다
· 착실하다	· 자신을 과잉한다
· 진지하다	· 남을 헤아릴 줄 모른다

○ 보름달 ● 상현달 & 상현달 영역의 상성(相性)

— 길흉혼합(吉凶混合)

겁쟁이. 당신의 연애감정은 정체기

상현달 영역을 맞은 「보름달태생」은 사소한 일에까지 호기심을 가집니다. 대인관계에 있어서는 상대의 행동 하나하나에 어떤 심리적인 배경이 숨겨져 있는지 알아내려고 합니다. 상대에 대한 연구는 결국 자기보존을 위한 방어수단 입니다.

대신 「상현달태생」은 고양기에 듭니다. 상현달 영역에 있어 유일하게 행동적으로 익숙해지는 달종족입니다. 주위사람들이 겁쟁이로 보고, 강경하게 비판하려 듭니다. 무서울게 없는 상태이고, 고집을 부려서라도 자기주장을 밀어붙이려 합니다.

「보름달태생」인 당신과 「상현달태생」인 상대는 혹독한 겨울을 넘긴 직후입니다. 눈 아래서 가만히 봄을 기다리는 식물처럼 신선한 호흡을 체감하겠죠? 「보름달태생」에게 있어서 그 봄은 신선하고 새롭기만 합니다. 상대인 「상현달태생」이 수량(收量)이 늘어난 시냇물처럼 힘이 붙어 정신적 긴장이 고조되어 있는 모습을 발견합니다.

당신이 상대가 일에 열중하는 모습을 보고 반할지, 아니면 너무 들떠 보여 싫어질지는 길흉혼합하고 있습니다.

어드바이스

상대는 의리와 인정이 많고 충성을 맹세할 타입이니까 일단 연인끼리 신뢰관계를 구축해 버리면 다음은 안심하고 있을 수 있습니다. 당신이 진지하게 교제하고 있는 한, 배신당할 염려는 적을 것입니다. 하지만 가능한한 상대가 당신에게 반한 입장에 서게끔 하십시오.

「보름달태생」인 당신은 상현달 영역에서 연애 감정이 저조하게 되지만, 이 영역사이에 친구관계에서 연인관계로, 또는 약혼, 결혼약속으로 강경하게 진전해 나가면 결과적으로 두 사람은 길(吉)을 맞이할 것입니다.

이 일주일동안 상대방이 품게되는 당신의 이미지

<호의적인 경우>

- 신념을 관철한다
- 몸을 만지고 싶다
- 신뢰할 수 있는 사람
- 친분이 두텁다
- 적확(的確)한 지시
- 내면적으로 사랑스럽다
- 일을 척척 해낸다

<부정적인 경우>

- 외적인 것만 염두에 둔다
- 마음을 열지 않는다
- 내용보다 디자인을 중시한다
- 어딘가 수상하다
- 애정이 없다
- 싸게 논다
- 경박한 태도

○ 보름달
● 상현달 & 보름달 영역의 상성(相性)

— 길흉혼합(吉凶混合)

결실. 봉오리진 사랑이 꽃을 피워 열매를 맺는다

보름달 영역의 「보름달태생」은 모든 달종족 중에서도 최대의 고양기를 맞이하게 됩니다. 이 고양기에는 무서운 남자로 변신할 정도로 강렬함이 있습니다. 다른 세 종족도 보름달 영역으로부터 적잖게 고양기의 은혜를 부여받습니다.

이 시기 「상현달태생」은 보름달 영역에서 아주 특이한 특성을 발휘합니다. 육체는 반응하여 고양되지만 정신적으로는 상쾌하고 안정됩니다. 언동(言動)은 상대적으로 냉정하게 보이지만, 육체는 이성을 원하는 소위 무뚝뚝하여 그럴것 같지 않은 호색한의 상태에 있습니다.

서로 그리워하고, 서로 사랑한다면 당신과 「상현달태생」인 상대는 친구사이를 뛰어넘어서 연인이 될 지도 모릅니다. 쭉 봉오리상태로 있던 두 사람은 보름달 영역의 도래로 꽃이 피고 마침내 열매를 맺게되는 것입니다. 직장동료였다면 불륜에 빠지는 사람도 나올 것 같습니다. 이 일주일간의 섹스는 누구에게 있어서도 매혹적입니다.

당신은 가장 매력적으로 보일 시기로 상대는 이성의 수(數)를 늘리는 일에 흥미를 가지고 있기 때문에 두 사

람만의 사랑으로 집중할 수 없다면 서로 다른 사람과의
연애감정이 생길 위험도 있습니다.

어드바이스

당신에게 주의가 요구되는 것은 자신을 과잉하지 말라
는 것입니다. 고양기에는 여하튼 마음이 초조해지기 쉽
고, 자폭할 우려도 보여집니다. 더군다나 「보름달태생」의
고양기에는 육체도 좌우될 만큼 강하기 때문에 상대의
기분 같은 것을 무시하는 경향이 있습니다. 이렇게 독단
과 편견에 가득찬 「보름달태생」의 인생감이 폭로되는 순
간이 있을 것입니다. 사랑의 고삐가 일단 끊어지면, 다시
시작할 때까지 오랜 시간이 걸립니다. 냉정한 「상현달태
생」에게 미움받지 않도록 하십시오.. 그리고 보름달 영역
에서의 섹스는 임신에 주의하십시오..

이 일주일 동안 상대방이 품게되는 당신의 이미지

<호의적인 경우>	<부정적인 경우>
· 성적매력을 느낀다	· 태도가 마음에 들지 않는다
· 매일 보고싶다	· 지나치게 추켜준다
· 같이 놀 친구가 많이 있다	· 몰개성적
· 생기가 넘친다	· 행동원리가 단순하다
· 무엇을 걸쳐도 어울린다	· 바람을 잘 피운다
· 인기가 있다	· 허세를 부린다
· 요염하며 발랄하고 아름답다	· 수동적이다

○ 보름달 ● 상현달 & 하현달 영역의 상성(相性)

— 길(吉)

애정. 보살펴주고 싶을 만큼 사랑스럽다

「보름달태생」의 마음은 지난주의 고양기를 질질 끌어 마음이 들떠 있는데, 육체는 피로로 인해 걸음걸이가 불안한 상태입니다. 심신의 밸런스가 깨져 있습니다. 일에서는 실수가 생기기 쉬운 시기입니다. 원거리 드라이브 등에서 사고에 주의하십시오.

한편 「상현달태생」은 하현달 영역에 들면, 마치 푸른 초원에서 태연하게 풀을 뜯고 있는 양 같습니다. 그러나 너무 평화로운 상태라 어느 정도 초조감도 생기고 있습니다.

「보름달태생」인 당신에게 이미 깊은 관계의 연인이라면 영원한 사랑의 계약을 주고 받을 시기가 바로 하현달 영역입니다. 그런 행동을 일으키지 않으면, 상대는 조바심을 느끼게 될 것입니다.

또한 서로 안지 얼마 안 되는 커플이라면 급한 진전은 피하는 것이 무난합니다. 아직 연인관계가 되지않은 두 사람은 좀더 같이 놀아야 할 영역입니다. 「보름달태생」과 「상현달태생」은 여러모로 안쪽으로 틀어박혀 있기 때문에 이 시기에는 모두 활기차고 즐겁게 웃으며 지내라고 권해드리고 싶습니다. 그리고 바로 그 때, 상대의 세세한 체크를 잊지 마십시오.

어드바이스

「보름달태생」에게 주의가 요구되는 것은 장시간의 드라이브입니다. 고속도로 운전중에 졸음이 쏟아지기라도 하면 반드시 휴게소에서 천천히 휴식을 취하십시오. 하현달 영역에서는 마음을 누그러뜨릴 사인을 보내지만 피로한 사람은 「잠」에 동조하는 경향이 있습니다.

연애는 「상현달태생」의 성실함이 돋보일 시기입니다. 상대도 당신의 가정적이고 느긋한 분위기에 매력을 느낍니다. 다만, 섹스에 관해서는 두 사람 모두 소극적입니다. 하현달 영역에서는 남녀로서보다 동료로서 행동하는 편이 좋을 것 같습니다.

이 일주일동안 상대방이 품게되는 당신의 이미지

<호의적인 경우>	<부정적인 경우>
· 잘 버티는 사람	· 입에 발린 말을 한다
· 유행패션이 잘 어울린다	· 웃어도 슬퍼보인다
· 서비스정신이 풍부하다	· 운치가 없다
· 태양처럼 눈부시다	· 친구에게 자주 이용당한다
· 가정적이다	· 모두에게 외면당한다
· 명랑하다	· 어리석다
· 인심이 좋다	· 영혼을 악마에게 팔 타입

당신　　　　　　　　상대

○보름달 VS ○보름달

좋은 궁합인데도 맺어지기 힘들다

일반적인 상성

　「보름달태생」은 번식에 유리한 조건을 갖추고 있습니다. 즉, 첫인상이 좋고 호감 받기 쉬운 특성이 그것입니다. 이 특성은 호감을 가지게 하고, 선택받는 시점에서는 수동적입니다. 그렇게 해서 마음을 끌려오게 하여, 최후에는 자기가 스스로 고르는 것이 「보름달태생」의 연애 패턴입니다. 따라서 「보름달태생」은 첫 대면에서 보수적인 특성을 보입니다. 「보름달태생」이 수동적이라면 도전하는 것은 다른 달종족의 역할이겠죠? 구애는 힘을 과시하는 자, 성실함을 강조하는 자, 혹은 즐거움을 호소해 오는 자로 세 가지 유형입니다. 이 유형들을 골라모아서 마음이 끌리도록 한 다음, 서로 경쟁시켜 최종적으로 선택하므로 결합은 좋은데 비해 수가 적습니다.

상성(相性)의 바이오리듬

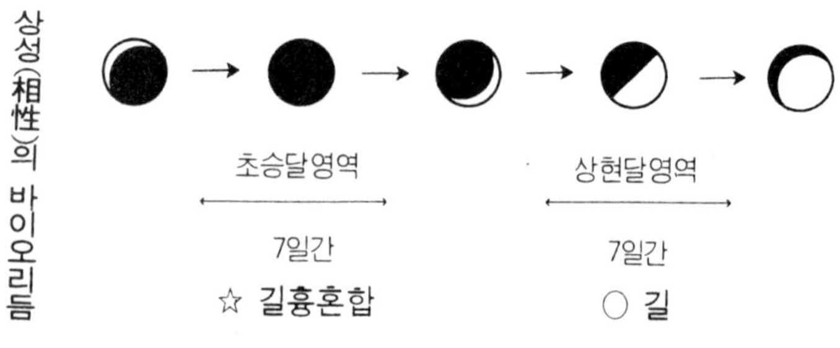

포인트

「보름달태생」끼리의 접촉은 두 가지 유형으로 나누어집니다. 하나는 지장없는 표면적인 가벼운 교제입니다. 상대에게 완벽을 요구하기 때문에「보름달태생」끼리는 서로를 속이고 숨기어, 그럭저럭 얇은 관계를 유지하는 것이 편합니다.

또 하나는, 그것을 뛰어넘은 껄쭉하고 깊은 교제입니다. 표면상의 교제를 극복하기 위해서는 거짓말을 하지 않고, 마음속 깊은곳까지 발을 들여놓지 않으면 안 됩니다.

이상의 어느 쪽도 들지않은 어중간한 교제는 최악입니다. 어느 정도 이해할 수는 있어도 마음속까지는 읽을 수 없으며, 그런 상태로 오래도록 교제해 가는 것은 지극히 어려운 일일 것입니다.

「보름달태생」은 다른 달종족으로부터 호의적으로 비쳐져서 이렇다할 고생도 하지않고 처세해 나갈 수 있을 것 같습니다. 그런데 돈이 많은 사람은 돈때문에 걱정하고, 미모가 뛰어난 사람은 다른 사람의 미모를 질투하게 되는 즉, 혜택받은 것이 오히려 고생스럽게 합니다.

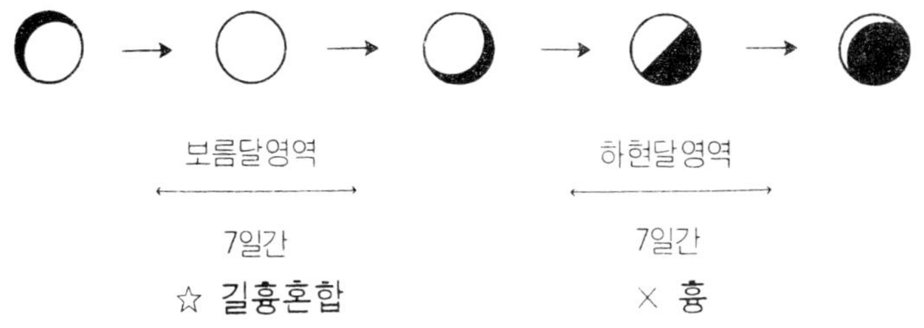

○ 보름달
○ 보름달 & 초승달 영역의 상성(相性)
— 길흉혼합(吉凶混合)

적극적으로 큰맘먹고 고백할 찬스

「보름달태생」끼리의 커플이 크게 싸웠을 때는 그날의 월령을 조사해 보십시요. 초승달 영역에서의 사건이었다면 차분하게 대화로 풀어나가면 회복가능합니다. 그것은 초승달 영역의 영향으로 일어난 헤프닝에 지나지 않기 때문입니다.

초승달 영역의 파괴적인 위력은 좋은 자극제가 됩니다. 지나치게 신중하거나 겁쟁이가 되는 것은 이 시기에는 좋지 않습니다. 숨기고 있던 꿈이나 계획을 큰맘먹고 실행에 옮기도록 노력해 보세요.

연애면에서는 진전이 보일 듯합니다. 사랑을 고백받는다든가, 고백할 찬스가 주어져 현재보다 깊은 관계를 기대할 수 있습니다. 상대는 같은 종족이니까 자신과 생각이 같다고 믿고 적극적으로 행동하십시오. 서로 수동적인 행동만을 취한다면, 다른 누군가가 비집고 들어 올지도 모릅니다. 비록 구애가 실패로 돌아갔다하더라도 결과는 빠르고 늦고의 차이로 피해가 적으면 된다고 대차게 나올 수 있는 영역입니다. 만약, 예상대로 일이 진행되면 격하고 멋진 섹스를 기대할 수 있을 것 같습니다.

어드바이스

초승달 영역에서는 일상생활로부터의 탈출을 권하고 싶습니다. 예를 들어 해외여행, 또는 이벤트 행사 참가는 어떻습니까? 지나치게 홍겨운 모험이 길(吉)을 부릅니다.

친구와 놀기에는 이 시기는 「초승달태생」이 가장 적합합니다. 초승달 영역에서 고양기에 있는 「초승달태생」을 명청이 역으로 「보름달태생」이 돌진해 들어가면 고조될 것입니다. 「보름달태생」은 외부로부터 자극을 받아 비로소 반응을 일으키는 「돌진」형이기 때문에 「보름달태생」끼리는 놀이친구라는 아이템이 가장 중요합니다.

이 일주일동안 상대방이 품게되는 당신의 이미지

<호의적인 경우>

- 모양새가 좋다
- 명랑하다
- 주위의 응원이 강력하다
- 옷입는 맵시가 있다
- 반응이 좋다
- 승부에 강하다
- 지켜준다

<부정적인 경우>

- 냉담하다
- 무책임하다
- 잔혹하다
- 참뜻이 전달되지 않는다
- 심보가 나쁘다
- 어디까지가 본심인지 모르겠다
- 가볍게 대한다. (푸대접 받는다)

○ 보름달
○ 보름달 **& 상현달 영역의 상성(相性)**

— 길(吉)

재확인. 기탄없는 말다툼이 더욱 이해를 깊게한다

「보름달태생」은 상현달 영역에 들면, 사고(思考)유형으로 바뀌기 때문에 발견하기에 아주 좋을 것입니다. 그것은 아주 완전히 새로운 발견이 있는가 하면, 여태껏 보고 넘겨버렸던 신변적인 것들의 재발견도 있어 여러 가지 방면에 미칩니다.

그럼,「보름달태생」끼리가 상현달 영역에서 발견할 수 있는 것은 과연 무엇일까요? 해답은 두 사람에게 있어 내면적인 부분입니다. 서로의 내면 발견이 재확인되어 길(吉)하게 되는 것입니다.

그러나 교제가 길면 길수록, 두 사람 사이는 위기로 빠져들 것입니다. 상현달 영역으로부터 불어오는 호기심의 바람이 미지의 세계에 대한 아련한 향기를 뿜어내어 보름달태생은 기분이 들뜹니다. 한쪽만 그렇다면 모르겠지만, 두 사람이 동시에 그렇게 느끼면 그것이 두 사람에게 있어 새로운 세계로의 여행을 떠나게 할 지도 모릅니다.

그래도 두 사람은 깔끔합니다. 적어도 아직 다시 시작할 수 있는 나이라면,「보름달태생」은 아직 지쳐 주저앉지 않습니다. 이 세상은 연애만이 전부가 아니라는 생각을 합니다.

어드바이스

상현달 영역이 보내오는 반항의 사인은 폐입니다. 그렇지 않아도 서로의 속마음에 의문을 갖고 있는「보름달 태생」인 두 사람에게 있어 상현달태생의 도래는 분쟁의 원인이 됩니다. 사소한 일로 다툼이 시작됩니다.

그러나 상현달 영역의 다툼은 결과가 좋습니다. 즉 두 사람이 심하게 다툼으로서 오해를 풀어가게도 되고, 새로운 발견도 하게되어 서로를 이해할 수 있게 됩니다.「보름달태생」에게 있어서는 평소에 쌓여있던 불만을 안심하고 쏟아부을 수 있게되는 시기입니다.

이 일주일동안 상대방이 품게되는 당신의 이미지

<호의적인 경우>	<부정적인 경우>
· 털어놓고 얘기할 수 있다	· 변덕쟁이
· 아첨하지 않는다	· 사이가 나쁘다
· 정의의 사도	· 무시당한다
· 돈보다 신의를 중시한다	· 마이동풍(馬耳東風)
· 집중하여 일을 열심히 한다	· 잔소리가 심하다
· 상하 차별을 두지 않는다	· 엉뚱한 생각
· 말을 확실하게 한다	· 고집쟁이

○ 보름달 & 보름달 영역의 상성(相性)
○ 보름달

— 길흉혼합(吉凶混合)

정서불안. 심신모두 욕정에 사로잡힐 시기

「보름달태생」은 보름달 영역에서 고양기에 들어갑니다. 보름은 심박수가 빨라진다는 연구보고가 있듯이 심신 모두 고양기를 맞은 결과,「보름달태생」은 성적인 특성을 높여 욕정에 사로잡힙니다.「종족번영」이 상징인 「보름달태생」인 두 사람에게 있어 보름달 영역은 단도직입적으로 성적인 일주일이 될 것입니다.

보름달 영역에서 월경을 하는 여성이 많고 그 중에서도 고양기와 월경이 겹치는 「보름달태생」은 생리통에 괴로워하는 사람이 많은 것 같습니다. 만약, 생리전이나 생리중에 머리를 감는 사람이 있다면, 그것은 피하는 것이 현명합니다. 왜냐하면 두피를 적시면 자궁입구가 수축되어 버리기 때문에 출혈로 고통이 따르기 때문입니다.

한편, 생리중이 아닌 여성과 남성도 포함해서 보름달 영역의 고양기에서는 정서가 불안합니다. 일종의 초조상태로 개방적입니다. 본래는 브레이크역을 하는 상대도 같은 「보름달태생」이기 때문에 위험하기까지 합니다. 너무 흥에겨워 큰 실수를 저지를 수도 있으니 신중히 처신하십시오.

또, 고양기에서는 우울한 상태로 반전하는 경우도 있습니다. 사소한 일로 침울해져버리면 나중에는 진절머리나는 일주일을 보내게 될 처지에 놓일 것입니다.

어드바이스

놀기에는 절호의 시기입니다. 놀이를 즐기기에는 야외가 길(吉)합니다. 캠프장을 이용하는 것은 어떨까요? 운이 좋다면 자연으로 둘러싸인 캠프장의 밤하늘에 두둥실 당신의 보름달이 떠오르는 것이 보일 것입니다. 낭만적이지 않습니까? 실로 육체적인 사랑을 깊게 하기에는 최고의 상황이 아닐까요?

다만, 주의할 점은 임신할 확률이 높다는 것. 아무생각 없이 분위기에 좌우된 섹스는 위험합니다.

이 일주일동안 상대방이 품게되는 당신의 이미지

<호의적인 경우>	<부정적인 경우>
· 너무 좋다	· 괴로울 것 같다
· 꽉 껴안아 주고 싶다	· 남을 지나치게 의식한다
· 모두가 노리고 있다	· 혼자서 결정하지 못한다
· 체온을 느낀다	· 쫄랑쫄랑거린다
· 완벽하다	· 멍청하다
· 형편없이 굴어도 좋다	· 끈기가 없다
· 심장이 뜨겁다	· 미덥지 않다

○ 보름달
○ 보름달 & 하현달 영역의 상성(相性)

— 흉(凶)

따분한 평화. 사랑의 고삐가 느슨해지기 쉽다

자기중심적인 행동원리로 움직이는「보름달태생」은 하현달 영역을 맞아 남을 생각하게 됩니다. 그것은 남의 눈을 의식한 이기적인 마음가짐이지만, 타인의 인격을 배려한「사랑」, 즉 사랑과 평화의 세계와도 통하는 것입니다. 외모를 꾸미는 일과 내면을 꾸미는 일을 양립시키는 시기가 될 것입니다.

고양기를 보낸 피로를 덜어주고 두 사람은 주위와 화합한 평화로운 때를 보내고 다투기를 잠시 숨깁니다. 그 정도라면 길(吉)하기도 하지만, 지나치게 가라앉은 나날은 생각해 볼 문제입니다.

그렇지 않아도 담박한 정신상태에서의 교제가 많은「보름달태생」끼리는 하현달 영역에서 사랑의 고삐가 느슨해질 수도 있습니다. 너무 지루해서 왠지 아쉬움이 남고, 말과 행동 모두 미심쩍은 데가 있어 불신감은 더해 갈 것입니다. 그 결과 애정관계를 해소해버리는 커플이 나올 것 같습니다.

「보름달태생」은 사랑의 꿈으로부터 깨어나면 나중에는 상대를 어떻게든 좋게 생각할 수 있게끔 되기까지 조금

도 시간이 걸리지 않습니다. 헤어질 때도 깨끗하게 헤어
지는 두 사람입니다.

어드바이스

고양기의 피로와 여운이 남는「보름달태생」에게 있어
하현달 영역은 부드럽고 기분좋은 영역입니다. 마치, 수
채화로 그려진 산촌에서 생활하고 있는 기분이랄까요?
두 사람은 다툼을 피하고 지장없는 교제를 원합니다.
지난주 보름달 영역에서 관계가 잘 진행되어 갔었다면
괜찮은데, 만약 사이가 나빠진 상태에서 하현달 영역을
맞았다면 가능하면 많은 친구들과 같이 보내고 내심 울
적했던 불만을 밖으로 발산시키십시오.

이 일주일동안 상대방이 품게되는 당신의 이미지

<호의적인 경우>	<부정적인 경우>
· 옷을 맵시있게 입는다	· 경박하다
· 대인관계가 좋다	· 일방적이다
· 속이 깊다	· 신용받지 못한다
· 대인의 품격	· 쯘쯘하다
· 무슨 일이든 솜씨좋게 해낸다	· 엉거주춤하다
· 미워할 수 없다	· 너무 조용하다
· 예민한 감성의 소유자	· 패기가 없다

당신 ◯보름달 VS 상대 ◑하현달
보수성과 친화성의 배합의 묘

일반적인 상성

「보름달태생」은 표면상의 성격과 내면적인 성격이 분리된 상태입니다. 비유하자면 찻잔에 든 홍차잎. 아무리 휘저어도 잎은 금방 가라앉습니다.「보름달태생」은 서로 섞이지 않기는커녕, 휘저어지는 것 자체를 싫어하는 보수적인 일면을 가지고 있습니다.「하현달태생」은 자신을 바꿔서까지 주위사람들에게 용해되려고 합니다.「보름달태생」인 당신에게 있어「하현달태생」은 만만한 상대입니다. 첫인상으로 호감을 가지게 되는 타입인 당신이 그 특성을 최대로 살려 외모가 마음에 들게끔 꾸며 다가가면 쉽게 마음을 열게 될 것입니다. 상대에게 인상좋게 보이는「보름달태생」과 주위사람들과 친해지려는「하현달태생」인 상대는 나쁘지 않습니다.

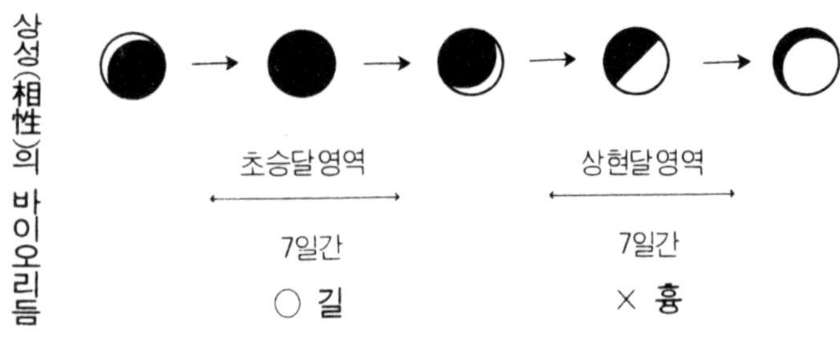

포인트

「보름달태생」인 당신은 「하현달태생」인 상대에게 다가가 말을 건네는 것만으로 사랑의 첫발을 손쉽게 내디딜 수 있는 인연을 가지고 있습니다. 쌍방의 문제는 「하현달태생」이 당신에게만이 아니라, 누구에 대해서라도 상냥하게 행동한다는 점입니다.

두둥실 날라가기 쉬운 「하현달태생」의 마음을 단단히 묶어두기 위해서 응석을 받아주는 것은 역효과적입니다. 여기서는 꽉 잡아 꼼짝 못하게 하라고 권하고 싶습니다. 왜냐하면 「보름달태생」은 원래가 전력을 다하게 만드는 타입이고, 「하현달태생」은 전력을 다할 타입이기 때문에 「하현달태생」은 상대에게 따라가는 속성을 가지고 있기 때문입니다.

그렇지 않아도 「하현달태생」은 사귀기 시작한 「보름달태생」의 심층에 가로놓은 차가운 벽으로 위화감을 느낍니다. 그것을 피하기 위해서는 강하게 자신을 어필하는 편이 상책입니다. 상대는 「하현달태생」이기 때문에 약간의 방자함은 부담스럽게 생각하지 않습니다. 그만큼 「하현달태생」은 주위사람들에게 관대합니다.

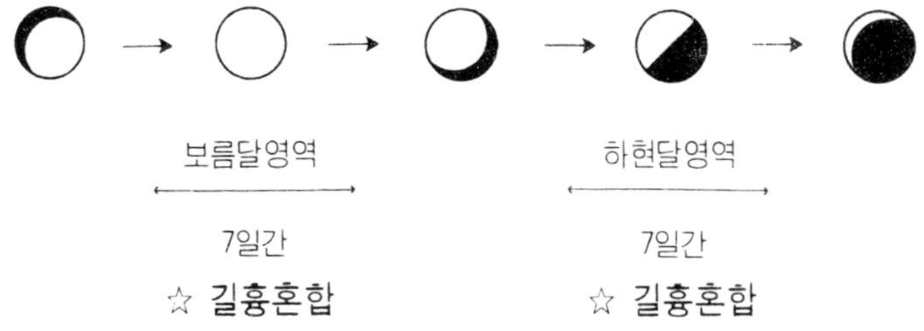

○ 보름달
◑ 하현달 & 초승달 영역의 상성(相性)

— 길(吉)

고백. 원래 승부에 강한 것이 소원성취 시킬듯

「보름달태생」에게 있어 초승달 영역의 도래는 활동기를 의미합니다. 초승달 영역에서의 격렬한 사인의 영향으로 보수적인 「견실함」이 소멸기미를 보입니다. 해방감을 맛보고 단념이 빨라집니다. 이 시기에 무리더라도 움직여두면, 나중에는 「보름달태생」이 가진 원래의 강한 승부사로 소원이 이루어질 것입니다.

상대인 「하현달태생」은 초승달 영역의 영향을 강하게 받아 「초승달태생」의 특성과 유사점이 많아진 결과 눈부시고 화려한 장식을 좋아합니다. 구체적으로는 귀금속인 악세사리에 눈이 가기 때문에 반지, 목걸이, 귀걸이 등의 장식품에 호화스런 것을 몸에 지니면 존재감을 어필할 수 있을 것입니다. 임시 대용의 싸구려는 오히려 당신의 가치를 떨어뜨릴 수도 있기 때문에 차라리 하지 않는 편이 낫습니다.

「보름달태생」인 당신은 초승달 영역에서의 사랑고백이 길(吉)합니다. 계기는 아는 사람의 결혼식 피로연, 뒷풀이 술자리, 각종 파티 등입니다. 여성은 곡선미가 드러나는 의상으로 화장은 약간 진하게 하십시오. 자신의 능력을 과시하여 상대의 마음을 끌어들이십시요. 공부는 복습보다 예습, 일은 고객의 신규개척처럼 미래로 이어지는 행위가 성과를 거둘 것입니다.

어드바이스

모처럼만에 활동적이게 되었기 때문에 그것을 충분히 살려나가야 합니다. 단체놀이나 스포츠는 물론, 술자리에서 흥을 돋구어도 당신의 가치는 올라가지 떨어지는 일은 없을 것입니다.

현재 연애중인 「하현달태생」인 상대와 교제가 교착상태에 있다든가, 매너리즘경향을 보인다면 과거의 추억에 젖는 것보다 자극적인 새로운 모험이 현상 타파의 기폭제가 됩니다. 섹스는 아주 잘 될 것입니다.

이 일주일동안 상대방이 품게되는 당신의 이미지

<호의적인 경우>	<부정적인 경우>
· 패션감각이 좋다	· 속과 겉이 일치하지 않는다
· 해결해 줄 것 같다	· 집안얘기밖에 안한다
· 부자처럼 보인다	· 하는 짓이 맘에 안든다
· 이성에게 인기가 많다	· 의견이 맞지 않는다
· 친절하다	· 잘난체 한다
· 시원시원하다	· 비위에 거슬린다
· 사랑스럽다	· 진절머리난다

◯ 보름달　◑ 하현달　& 상현달 영역의 상성(相性)

— 흉(凶)

불화. 상대의 결점이 생각날 시기

「보름달태생」은 상현달 영역에 들면 보수적인 성향을 강조하고 껍질 속으로 숨어 버립니다. 그런데도 비판정신이 많아지고 하나하나 마음에 들지않는 일만 합니다. 누군가 푸념을 늘어놓을 상대를 원하게 될 것 같습니다.

그럼, 푸념하는 상대에게 가장 잘 맞는 짝이 「하현달태생」입니다. 그러나 잠자코 이야기를 들어주는 데 비해, 한 번 더는 이야기에 응해주지 않습니다. 평소에 비해서 좋게 말하면 안정된 분위기, 나쁘게 말하면 내키지 않는 상태이기 때문입니다.

별것 아닌일로 당신과 「하현달태생」은 사이가 나빠질 것입니다. 당신이 거세게 비난하면, 상대는 눈을 내리깔고 달아나 버릴지도 모릅니다. 확실하게 싸우는게 아니라, 뭔가 원한이 남는 느낌입니다. 섹스할 기분도 안 들고, 설령 했다하더라도 기분 나쁘게 끝나버릴 것입니다.

파국으로는 이르지 않더라도 이대로는 두 사람의 관계는 최악입니다. 만약, 어색한 분위기가 됐다면 당신 쪽에서 살그머니 다가가면 「호감주는」 장점을 가진 「하현달태생」은 반드시 상냥하게 맞아줄 것입니다.

어드바이스

혼자 있으면 상대의 결점이 마음에 걸리게 될 시기입니다. 우물쭈물 굼뜨는 「하현달태생」을 보고 있으면, 나무라고도 싶어질 것입니다. 그럴 때에는 당신 자신의 결점도 생각해 보십시요. 「보름달태생」은 자기중심적으로 매사를 판단하려는 경향이 있습니다. 원인이 된 「그 한마디」는 당신의 오해였을지도 모릅니다. 상현달 영역에서는 천천히 시간을 가지고 생각해 보십시오. 머지않아 다른 달영역이 돌아오면 정말로 당신의 연인으로 어울리는 인물인지 어떤지 알게 될 것입니다.

이 일주일동안 상대방이 품게되는 당신의 이미지

<호의적인 경우>	<부정적인 경우>
• 지적으로 보인다	• 인정미가 없다
• 전부터 알고 있었다는 기분	• 불평이 많다
• 서로 잘 알고 있다	• 성미가 까다로울 것 같다
• 응석을 받아준다	• 본심을 얘기하지 않는다
• 가정환경이 좋은 듯 하다	• 냉혈한이다
• 이심전심	• 자기일밖에 모른다
• 참을성이 많다	• 사실은 반하지 않았다

○ 보름달
◐ 하현달 & 보름달 영역의 상성(相性)

— 길흉혼합(吉凶混合)

아주 인기 있을 시기. 모험과 경솔은 종이 한장 차이

「보름달태생」은 보름달 영역에서 심신이 고양기에 들어 심박수도 올라갑니다. 들뜬 기분에 내맡겨져 눈에 띄는 패션으로 외출하는 것을 좋아할 것입니다. 집에 있으면 안절부절 못하고, 누군가를 꼬득여 거리로 나갑니다. 보름달 영역의 주말밤은 술집이 혼잡하다고 합니다. 게다가 월급날, 좋은 날씨 등의 조건이 겹치면 거리는 더욱 흥청거리겠지요.

대신 「하현달태생」은 원래가 모여 노는 타입입니다. 보름달 영역에는 그 특성을 강조하여 정처없이 걸어다닙니다. 밤에 밖으로 나가면 당연히 술을 마시겠죠? 그리고 술이 얼큰해지면 최고조입니다.

「보름달태생」인 당신은 밤거리에서 노는 「하현달태생」인 상대와 사귈 계기를 가질 수 있을 것입니다. 또, 우연히 디스코클럽, 선술집, 파티장, 생음악집, 쇼클럽 등에서 단체끼리 서로 잘 아는 경우에는 보름달태생이 인기를 모을 것입니다. 반드시 운명의 상대가 「하현달태생」이라고도 할 수 없지만 술, 밤, 이성, 그리고 보름달 영역이 오면, 가벼운 유희에서 깊은 사이가 되어도 이상할 것은 없습니다.

어드바이스

보름달 영역에서 특히 밤에 놀고 싶어지는 원인은 달로부터 「집합」의 사인을 읽어내기 때문입니다. 이것은 「종(種)의 번영」 원칙에 기초한 생명체의 생리입니다. 주위사람들도 보름달 영역에 감화되어 역시 성적충동으로 모여듭니다.

보름달 영역에서의 경솔한 행동은 두고두고 후회를 부를지도 모릅니다. 모험과 경솔은 종이 한 장 차이입니다. 그러나 연애는 자유롭습니다. 결코 부정한 짓은 할 수 없지만 보름달 영역에서의 사랑은 아무쪼록 신중하십시오. 특히, 임신되기 쉬운 영역이기 때문에 무방비의 섹스에는 주의하십시오.

이 일주일동안 상대방이 품게 되는 당신의 이미지

<호의적인 경우>	<부정적인 경우>
· 섹시하다	· 주위사람들과 비교된다
· 표정이 풍부하다	· 시건방지다
· 멋을 잘 낸다	· 외모가 익숙치 않다
· 하라는 대로 한다	· 무리한다
· 애완동물처럼 귀엽다	· 경솔하다
· 행복한 기분이 들게 해준다	· 굼뜬다
· 확실한 신념	· 허욕을 부린다

○ 보름달
◑ 하현달 & 하현달 영역의 상성(相性)

― 길흉혼합(吉凶混合)

사치스러움. 너무 사랑받는 것이 귀찮다

「보름달태생」은 하현달 영역에 들면, 안도의 한숨을 내쉽니다. 항상 지나치게 이성의 눈을 의식한 당신은, 마치 가정 안에서 살고 있는 듯한 편안함을 느낄 것입니다. 고양기 직후의 하현달 영역은 부드럽게 흘러가는 시간을 편안하게 보낼 수 있습니다.

대신 「하현달태생」은 고양기입니다. 의무이기도 한듯이 타고난 서비스정신으로 고조되려고 합니다. 도를 지나치면 성가셔지기도 하지만 그 자세는 모두가 이해할 수 있을 겁니다.

「보름달태생」인 당신은 마치 방관자 같습니다. 열심히 이리저리 돌아다니는 「하현달태생」인 상대를 히죽히죽거리며 지켜보고 있는 상태입니다. 잠시 손이라도 빌려달라고 하면 즉시 본심을 알아차리고 교제가 가능하게 될 것입니다. 그러나 상대는 당신에게 더욱 더 노력을 바라게 됩니다. 한번 교제가 시작되면 끈질길 정도의 간섭을 받을 것입니다. 그런데 당신은 잠시 쉴 때! 연애에만 집중할 수 있는 상태가 아닙니다. 머지않아 상대의 애정이 질투로 변해버리면 마음의 평화를 깨뜨릴 것입니다. 지나치게 사랑받으면 귀찮아집니다. 정말 사치스럽습니다.

어드바이스

하현달 영역에서의 두 사람의 궁합은 이성을 초월한 부분에서라면 길(吉)하게 될 것입니다. 단체여행이나 연회석 등에서 접할 기회가 있다면 두 사람은 화기 애애한 사이가 될 수 있을 것입니다. 귀찮아 하지 말고 상대를 지지해서 주위의 분위기고조역을 솔선하여 나서는 것도 한 방법입니다. 바로 그순간 상대는 당신에게 따스한 인상과 친애의 감정을 품을 것입니다.

이 시기에 일어나는 뜻밖의 파국의 원인중의 하나는 당신의 애정부족 때문에, 다른 하나는 상대의 공공연한 참견과 무책임 때문입니다. 섹스는 당신의 기분에 따라 다릅니다.

이 일주일동안 상대방이 품게되는 당신의 이미지

<호의적인 경우>

- 한가롭고 평온한 안정감
- 좋은 조수역할
- 따스한 눈길로 지켜본다
- 확고 부동의 강함이 있다
- 두루 마음써준다
- 부탁을 잘 받아준다
- 의견이 맞다

<부정적인 경우>

- 취미를 파악할 수 없다
- 멍하니 있다
- 도피형
- 신용을 얻지 못한다
- 패기가 없다
- 교제가 나쁘다
- 애정에 의문이 있다

개성과 측면으로부터의 원조. 좋은 파트너

일반적인 상성

「하현달태생」과 「초승달태생」은 아주 상성이 좋은 결합입니다. 금방 허물없이 지내게 될 것입니다. 서로가 북적대는 장소를 좋아하는 달종족이기 때문에 서로 알 기회도 많아질 것입니다.

그러나 그만큼 결렬되기 쉬운 일면도 있습니다. 쉽게 뜨거워지고, 쉽게 차가워지는 것이 옥의 티랄까요?

「하현달태생」의 특성이 번영·육성이고, 상대인 「초승달태생」의 특성이 수확입니다. 두 사람이 콤비를 이루면 표면적으로는 지도력이 뛰어난 「초승달태생」이 당신을 리더해 가려할 것입니다. 개성이 강한 「초승달태생」과 「하현달태생」의 파트너가 더해지면 좋은 부분을 끄집어내면서 매사를 순조롭게 진행시켜갈 수 있습니다.

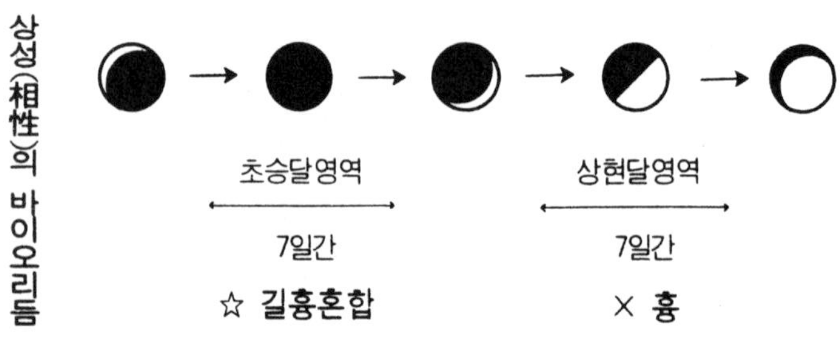

포인트

「하현달태생」과「초승달태생」이 커플이 되면 역할분담이 확실한 콤비가 됩니다. 그렇다면 남을 잘 도와주는「하현달태생」이 여성적인가하면, 꼭 그렇지도 않고 예능인 커플을 조사해 보아도 오히려 남성이 많은 편입니다. 그러나 남녀성별에 구분없이 폭발력, 빠른 결단은「초승달태생」이 강한 편입니다.

「하현달태생」이「초승달태생」을 억누르는 관계에 있다면 힘의 균형이 깨어지고 그 때마다 두 사람의 교제는 위기를 맞이하게 될 것입니다. 또, 그런가해서「초승달태생」과 하나가 되어 너무 쳐들어가도 브레이크가 듣지 않아 결국 내달립니다. 그렇지 않아도 초승달 영역에 들면「하현달태생」의 특성은「초승달태생」처럼 되기 때문에 다소 우려됩니다.

내달리려는 힘을 어떻게 제어해서 성과를 올릴까가 두 사람에게 있어서 문제시 될 것입니다. 그 성공은 넓고 일반적인 것이 아니라, 열광자가 되는 경향이 있습니다.

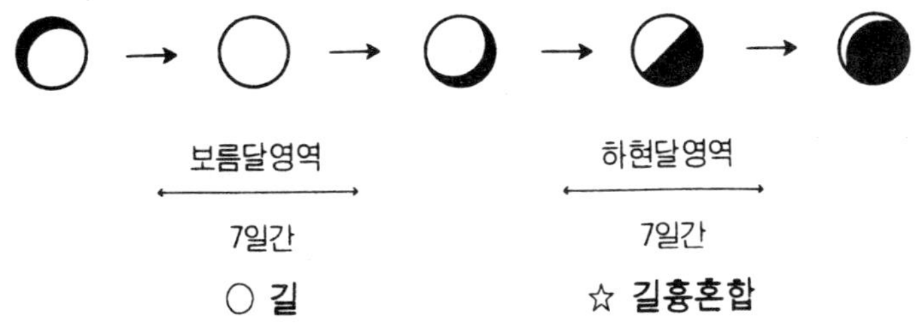

하현달 / 초승달

& 초승달 영역의 상성(相性)

— 길흉혼합(吉凶混合)

조종, 어딘가에 부딪칠 시기

「하현달태생」은 초승달 영역에 들자마자「초승달태생」의 특성을 강조해서 주위사람들을 제압하려 할 수도 있습니다. 자기가 쌓아올린 실적을 방패로 강경하게 밀어붙이면 집단에서 있기가 거북할 지도 모릅니다.

「초승달태생」인 상대는 고양기입니다. 리듬의 고저가 있지만, 고양기를 타고 있을 때는 심신 모두 힘이 충만됩니다. 주위를 압도하는가 하면, 지나침이 적을 만드는 경우도 있습니다. 그러나 그런 것들을 신경쓰는「초승달태생」이 아닙니다.

두 사람을 비교하면 역시「하현달태생」인 당신 쪽이 그림자가 엷고, 아무래도 종속적인 경향을 보입니다. 그래도 당신은 몰래 살짝 제압을 시도합니다. 권력에 굴복하는 체 하기를 잘하는「하현달태생」은 배후에 서서 조종을 겁니다. 수월하게 이 관계에서 어울리는 동안은 아직 괜찮지만, 당신은 고압적이 되고, 상대는 자신을 보고 놓치기 쉬운 고양기입니다. 사소한 일로 충돌이 많아질 것입니다.

한편, 이제부터 사귀기 시작하려는 사람에게 있어서는

상대가 탐욕이 많을 이 시기가 가장 적합할 것입니다. 섹스는 그럭저럭 합니다.

어드바이스

당신의 초승달 영역에서의 임무는 상대의 조종입니다. 적절한 방향의 지시도 그럴만하지만 너무 탐욕스러워진 결과, 도에 어긋난 모습을 보일 수도 있는「초승달태생」을 따르지 않으면 안 됩니다.

또, 과격한 행동을 해야만이「초승달태생」은 엄청난 대성공을 거둘 가능성도 있어 길흉혼합합니다. 그렇기 때문에 초승달 영역은「하현달태생」에게 있어서도 가장 중요한 고비가 될 것입니다.

이 일주일동안 상대가 품게되는 당신의 이미지

<호의적인 경우>	<부정적인 경우>
· 배신하지 않을 파트너	· 움직임이 날카롭다
· 풍부한 정보	· 이해할 수 없다
· 정의감에 불탄다	· 생각만해도 화가 치민다
· 장사수완이 있다	· 수다쟁이
· 기분좋게 해준다	· 무슨 일이든 반대한다
· 일치단결할 수 있다	· 거추장스럽다
· 관대하게 대해 줄 것 같다	· 겁쟁이

◖ 하현달 ● 초승달 & 상현달 영역의 상성(相性)

— 흉(凶)

관찰. 의문이 의문을 부를 시기

「하현달태생」은 상현달 영역에서 잠시 쉽니다. 이미지는 여름 바닷가 나무그늘 아래서 그물침대에 흔들리고 있는 느낌! 뜨거워진 이마에서 목덜미에 이르기까지 상현달 영역으로부터 산들바람이 불어옵니다. 당신은 눈을 감고 자기 분석을 할 것입니다. 그 결과, 미래에 대한 번뜩이는 설계를 느낄 때도 있지만 다음주 보름달 영역은 또다시 뜨거운 해변으로 돌아오지 않으면 안 됩니다.

「초승달태생」은 상현달 영역에 들자마자 고양기의 반동이 나옵니다. 심신의 피로 이외에 여태껏 좋았던 여러 부분에서 일제히 단점을 드러내기 시작합니다. 그러면 「초승달태생」은 신분야 개척에 몰두하고 낡은 것을 냉정하게 잘라 버릴 것입니다.

두 사람의 관계는 흉(凶)할 것입니다. 서로가 피곤해하고 있다면 얌전히 있으면 될 것을 변함없이 「초승달태생」인 상대는 당차고 실수를 저지르기 쉽기 때문에 그토록 자신만만하던 당신도 따라가기가 힘들 것입니다.

두 사람사이에 한계를 느낀다면 관계를 청산하려고 마음먹을지도 모릅니다. 그럴 때는 생각에만 머물고 상현달 영역에서는 행동에 옮기지 않는 것이 상책입니다.

어드바이스

당신은 상현달 영역에서 「초승달태생」을 냉정히 바라볼 수가 있습니다. 그 때까지 서로가 너무 가까이 있었기 때문에 자기들이 어떤 일을 하고 있는지, 혹은 어디로 가려 하는지를 전혀 의식하지 않았던 것입니다.

대신 「초승달태생」도 피로의 원인을 당신에게 전가하는 것 같습니다. 당신에게 있어서는 의문이 의문을 부르는 불신(不信)의 일주일이 될 가능성이 있습니다. 만약 그렇게되면, 많은 친구나 아는 사람에게 상담을 한다거나 푸념을 늘어놓는다거나해서 답답한 심정을 몸에서 발산시키십시오.

이 일주일동안 상대방이 품게되는 당신의 이미지

<호의적인 경우>	<부정적인 경우>
· 합리적이다	· 나무라는 것 같다
· 진한 대화가 가능하다	· 조종당하고 있다
· 인기가 많다	· 허세를 부린다
· 재능을 살려주고 싶다	· 정체를 알 수 없다
· 자애롭다	· 험담을 하는 것 같다
· 얘깃거리가 풍부하다	· 비위에 거슬리는 타입
· 용서의 그릇이 크다	· 궁뱅이. 게으름뱅이

◑ 하현달
● 초승달 & 보름달 영역의 상성(相性)

— 길(吉)

깊이 생각하시길. 섣불리 시작하면 섣불리 끝나는 사랑

보름달 영역을 맞은 「하현달태생」은 몸도 가볍고, 발걸음도 가벼워 명랑한 나날을 보낼 수 있을 것입니다. 남에게는 친절하게, 친구에게는 상냥하게 대합니다. 그리고 이성에게는 우정을 초월한 사랑을 느낄 것입니다.

상대인 「초승달태생」은 사교가로서 밝고 힘차게 행동하며 매력이 넘쳐납니다. 서로가 이성을 원하고 있는 상태이니까 좋아하는 「초승달태생」에게 사랑을 고백하면 반드시 잘 될 것입니다. 그러나 얼마만큼 오래 갈 수 있는가는 보증할 수 없습니다.

섹스 후에 애정이 샘솟는지, 애정을 느낀 후에 섹스해야 하는지의 해답은 모르지만 도덕적으로는 처음에 쌍방의 사랑 확인이 필요하겠지요. 경솔하게 시작하면 경솔하게 끝나는 것이 세상이치입니다. 보름달 영역에서의 연애는 심사 숙고할 필요가 있습니다.

또한, 아무쪼록 보름달 영역에서의 섹스는 임신에 주의를 기울이십시오.

어드바이스

보름달 영역은 모든 사람을 섹시한 기분으로 만들어 줍니다. 당연히 연애에는 많은 라이벌이 나타날 것입니다. 당신이 상대의 마음을 끌기위해서는 번쩍번쩍 눈에 띄는 패션을 권하고 싶습니다.「초승달태생」인 상대는 귀금속이나 스팽글 같은 광택이 있는 것을 좋아하는 경향이 있습니다.

만약, 그런 야한 의상이 싫다면 가능한한 많은 대화를 나누어 당신자신을 인상에 남게 하십시오.「초승달태생」의 하트를 적중시키는 데는 적극적인 행동이 중요합니다.

이 일주일동안 상대방이 품게되는 당신의 이미지

<호의적인 경우>

- 사랑을 받아들인다
- 밝아서 즐겁다
- 경쾌하다
- 주위에 사람들이 모인다
- 포용력이 있다
- 차별하지 않는다
- 사랑해 준다

<부정적인 경우>

- 나와 어울리지 않는다
- 매력없다
- 화제를 너무 건너뛴다
- 제멋대로다
- 안절부절 못한다
- 내가 전부가 아니다
- 촌스럽고 멋없다

◑ 하현달 ● 초승달 & 하현달 영역의 상성(相性)

— 길흉혼합(吉凶混合)

해석. 오해는 사랑에 금물

「하현달태생」인 당신은 하현달 영역을 맞으면 고양기에 듭니다. 고독을 두려워하여 동료들을 모아 대접, 가족화합의 장소를 만들고서는 떠들고 놉니다. 그러나 너무 제멋대로 군 결과, 소중히 여기는 사람에게까지 무례한 짓을 할 지도 모릅니다.

대신 「초승달태생」이 의사고양기(p40)에 들지 않으면 (의사고양기의 징조가 있으면 초승달영역을 참조해 주세요.) 따뜻한 내음이 풍기는 하현달 영역에서 편안히 쉬며, 친구나 아는 사람과의 즐거운 교제로 주위와의 협력을 도모할 시기입니다.

「하현달태생」인 당신은 「초승달태생」인 상대와 사이좋게 지내게 될 찬스입니다. 어떤 모임을 핑개삼아 접근하십시요. 이벤트행사의 개최가 길(吉)합니다. 첫 데이트도 잘·될 것 같군요. 단 고양기라서 자칫 주위의 의견을 자기식으로 해석하는 경향이 있습니다. 그렇게 오해로 끝나면 연애의 결말은 길흉혼합이 되고 맙니다.

게다가 당신은 상대마저 생각해 주지않고 소홀히 다루기 때문에 문제가 생깁니다. 그런 상태를 이해 못하고 화를내고 가버리는「초승달태생」도 나올 것입니다.

어드바이스

　당신이 아닌 상대가 연애의 주도권을 잡고 있는 경우에는 위험스럽습니다. 그것은 자칫하면 상대를 아무렇게나 다루어 버리기 때문입니다. 그래서 주도권이 역전되면, 충돌하는 경우도 생깁니다. 막상 다투면 당신은 고양이인 만큼 머리로 피가 치밀어 올라 물러서지 못할 것입니다.

　「초승달태생」과의 정면충돌은 피하지 않으면 피해가 몹시 큽니다. 두 사람이 잘 지내기 위해서는 어느 정도의 타협이 필요합니다. 동료와 진탕 놀며 화풀이라도 해 보십시요.

이 일주일동안 상대방이 품게되는 당신의 이미지

<호의적인 경우>	<부정적인 경우>
· 나를 잘 돌봐준다	· 경솔하다
· 놀이에 천재	· 차분하지 않다
· 평생 같이 있고 싶다	· 머리가 나쁜 것 같다
· 속마음을 안다	· 안절부절 못한다
· 장사수완이 있다	· 보는 것만으로 화가 난다
· 대단히 사이가 좋다	· 하찮은 인간으로 느껴진다
· 동감한다. 공감한다	· 무시당한다

일반적인 상성

서로를 존경해주는 결합입니다. 집단에서 사는 「하현달태생」은 신념을 굽히지 않는 반조직형인 「상현달태생」을 동경하고, 「상현달태생」은 세심한 배려, 상냥함, 원만한 대인관계, 많은 친구들, 친절함, 흥겹게 하는 재주 등을 지니고 조직에 융화되어 있는 「하현달태생」을 부럽게 여깁니다.

사람은 자기에게 부족한 부분을 상대에게 바라고, 균형을 잡으려는 경향이 있습니다. 예를 들어 연인사이가 된 두 사람의 앞길에 장해물이 있다고 치면 「하현달태생」은 우회길을 찾고, 「상현달태생」은 장해물을 치우려 합니다. 두 사람이 각자의 방법을 주장함으로서 보다 좋은 해결책이 생기는 것입니다.

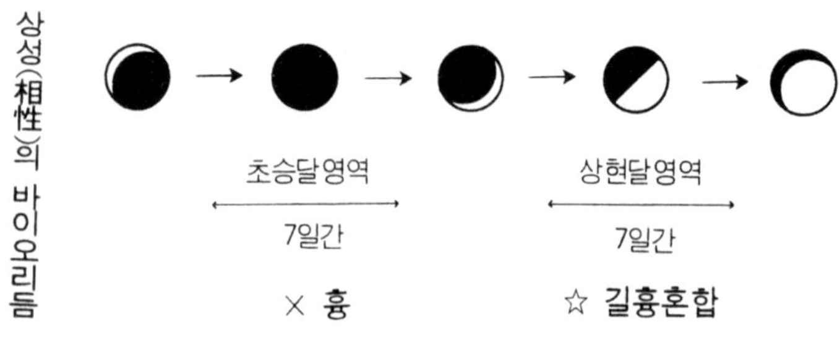

포인트

「하현달태생」과 「상현달태생」은 전격적인 만남을 할 타입이 아닙니다. 카멜레온처럼 주위의 색에 맞추는「하현달태생」의 존재가 미미해 보여「상현달태생」에게 눈에 띄기 어렵기 때문입니다.

그러나「하현달태생」은 좀처럼 사랑고백을 할 수 없을지도 모릅니다. 주저하는 것은「상현달태생」의 분명한 태도가 두렵기 때문입니다. 화목을 이루기는커녕 주위를 혼란하게 만드는데 기쁨을 발견하는 듯한 위험한 냄새에 오히려 겁을 먹고 맙니다.

만일 거절당하면 어쩌지? 바보취급당하거나, 조롱당하거나, 입방아에 오르내리거나 하면……하고 말이죠. 미움받을 것을 두려워한 나머지 우울해지기도 합니다.「하현달태생」에게는 결단이 필요합니다.

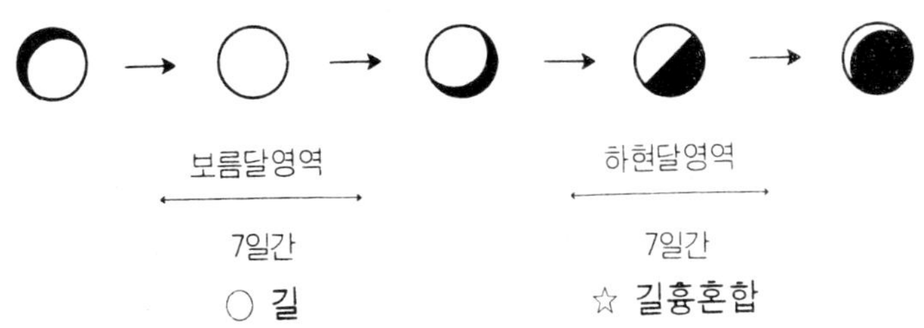

◐ 하현달 ◑ 상현달 & 초승달 영역의 상성(相性)

— 흉(凶)

경계. 서먹서먹한 태도로 나옴

「하현달태생」은 초승달 영역의 영향을 강하게 받습니다. 화기 애애하게 보냈는데 완전히 바뀌어 자기주장을 할 것입니다. 바지런한 배려가 귀중한 보물로 여겨지고 때로는 심부름꾼처럼 취급당해 버리는 「하현달태생」의 반격입니다. 그 결과 당신은 집단에서 좋은 위치를 확보할 수 있을 지도 모르지만 일부의 반감을 사서 책략가라는 레벨이 붙여질 지도 모릅니다.

한편 「상현달태생」은 초승달 영역에서 「수확」의 사인을 받아들여 약탈이나 배반행위에 경계심을 가지고 주위로부터 마음을 닫고 의심이 지나치게 많아집니다. 그런 「상현달태생」에게는 희귀하게 「하현달태생」을 분명히 의식할 수 있습니다. 물론, 그 이유는 마치 「초승달태생」처럼 느끼기 때문입니다. 「상현달태생」은 책략에 말려들고 배신당하는 일을 가장 싫어하기 때문에 당신에 대해 어색한 태도를 취하게 될 것입니다. 이렇게 해서 「하현달태생」이 가장(家長)으로서의 권위를 주장할 때 「상현달태생」은 그 행위에 실망하고 맙니다. 그것이 권력대 권력의 그림이 되면, 이미 두 사람의 관계가 흉(凶)하게 된 것은 명백합니다.

어드바이스

이미 연인관계인 당신은 반항적인 상대를 어떻게든 맞아들이십시오. 그러나 힘의 행사는 「상현달태생」 상대로는 반대의 결과가 나올 것 같습니다. 그렇지만 사랑의 힘이라면 복종당할 수도 있습니다. 「상현달태생」은 부끄러움을 잘타서 FAX나 연애편지로 전해보는 것도 한 방법입니다. 이 시기의 「상현달태생」은 진실한 사랑에 굶주려 있습니다.

이제부터 사귀게 될 당신도 상대에게 성의를 보이십시요. 당신의 사랑의 따스함이 전해지면 「상현달태생」의 꽁꽁 얼어붙은 마음이 점점 녹을 것입니다.

이 일주일동안 상대방이 품게되는 당신의 이미지

<호의적인 경우>	<부정적인 경우>
· 마음이 따뜻하다	· 덫을 놓고 있다
· 정보다 풍부하다	· 충고를 무시한다
· 가려운 곳을 긁어준다	· 처음과 다르다
· 멋진 가게를 안다	· 꾀를 쓴다
· 성심성의껏 대한다	· 공을 가로챈다
· 통솔력이 있다	· 다른 사람이 있을 것 같다
· 병대(兵隊)를 가지고 있다	· 속은 것 같다

◑ 하현달 ● 상현달 & 상현달 영역의 상성(相性)

— 길흉혼합(吉凶混合)

허탈감. 여기가 힘쓸 곳

「하현달태생」은 <보름달 영역→하현달 영역→초승달 영역>을 경유하여 상현달 영역을 맞으면 허탈감에 휩싸입니다. 이 세 영역에서 열심히 애쓴 사람일수록 반동이 크게 나올 것입니다. 뜻하지 않은 가벼운 실수를 저지르기도 하고, 건강을 해칠 수도 있습니다. 특히 교통사고에는 주의를 기울이는 것이 좋을 것입니다. 한편 「상현달태생」은 고양기입니다. 심신이 모두 들떠 있습니다. 평소에는 뛰어난 관찰자인 「상현달태생」이 냉정함을 잃어버리고 우스꽝스러운 착각을 연발하기도 하고, 그런가하면 특이한 발언이나 행동으로 주위의 시선을 끌기도 합니다.

연애중인 「하현달태생」은 어떻게든 「하현달태생」의 남아도는 원기를 어딘가로 발산시켜 주십시오. 상대는 협조성이 부족해서 운동하면서 데이트하려면 테니스보다도 골프를, 영화는 순애물보다 액션물을, 여행은 북쪽보다 남쪽으로, 식사는 한식보다 양식이 길(吉)합니다.

이 일주일간은 당신이 힘쓸 때! 그러나 아무리해도 활력이 생기지 않으면 차라리 데이트는 다음주로 미루는 것이 좋습니다. 섹스도 마찬가지 입니다.

어드바이스

「하현달태생」인 당신은 약삭빠르게 처신하여 짬이 날 것입니다. 그렇지만 연애상대인「상현달태생」을 엉성하게 다루지 마십시오. 타고난 민첩한 가동력을 발휘하면 정이 많은「상현달태생」에게 사랑받을 것입니다.

그러나 입에 발린 말로 속이려 하다가 발각되면, 그날 이후에는 푸대접 받을 지도 모릅니다. 「상현달태생」은 고양기로 정신적으로 불만이 더해지기 때문에 그렇지 않아도 주위가 단정치 못하게 보이는 데다가 세심한 곳에 이상하게 집착하기 때문에 귀찮습니다.

이 일주일동안 상대방이 품게되는 당신의 이미지

〈호의적인 경우〉	〈부정적인 경우〉
· 사귀면서 편하다	· 엉성하다
· 소망을 이루어준다	· 생색낸다
· 전공 이외에도 잘 안다	· 불끈거린다
· 사람들을 소개시켜 준다	· 어색한 행동
· 취미가 맞다	· 잘 잊어버린다
· 인간관계가 둥글둥글하다	· 말투에 화가난다
· 여기저기서 환영받는다	· 칠칠치 못하다

☽ 하현달 · ☾ 상현달 & 보름달 영역의 상성(相性)

— 길(吉)

절호의 찬스. 데이트는 용의주도하게

보름달 영역을 맞은 「하현달태생」은 이식의 「종(種)」을 손에 넣을 것 같습니다. 바지런히 움직여 얻은 노하우를 살려 여기서 성공하면, 다음주 하현달 영역에서 떼돈을 벌게 됩니다. 「하현달태생」은 원래 장사수완이 뛰어나 돈을 잘 모읍니다. 만약, 이식의 「종(種)」을 손에 넣지 못하고 연애에 힘을 쏟아부어도 마찬가지로 성공을 거둘 것입니다.

한편 「상현달태생」에게 있어 보름달 영역은 머리회전이 빨라지고 예술의욕이 생길 시기입니다. 동시에 사랑이나 평화를 평등하게 나누어 가지고 싶다는 생각도 듭니다. 그 때, 문득 고독을 느꼈다면 한발짝 밖으로 나옵니다. 그러면 스쳐지나가는 이성이 모두 아름답게 보일 것입니다. 보름달 영역에서는 전체 달종족이 사랑을 원하고 받아들일 태세가 되어 있습니다.

보름달 영역은 데이트로 유혹하십시오. 가능하다면 데이트코스는 미리 정해두고 상대를 끌고 돌아다니며 즐기십시오. 「상현달태생」은 리더하는 쪽과 리더당하는 쪽으로 확실히 나뉘어진 관계를 좋아합니다.

신구(新舊)에 관계없이 이성과 교제하기에는 절호의 시기입니다. 다만, 보름달 영역은 임신에 주의하십시오.

어드바이스

보름달 영역은 즐거운 일주일이 될 것입니다. 적극적으로 당신이 나서서 데이트장소나 하고 싶은 것을 분명히 말한다면 상대는 그것을 기분좋게 받아들일 것입니다. 「상현달태생」에게는 지나치게 보살피고 응석을 받아주는 것이 두 사람의 관계를 원만하게 이끄는 방법입니다. 오로지 문제는 상대가 일에 의욕을 보인다는 점! 「상현달태생」은 보름달 영역에서 일이나 예술에 몰두하기 시작하면 연애하고 있는 시간이 아까워지고 맙니다. 그럴때는 아낌없이 협조해 주십시오.

이 일주일동안 상대방이 품게되는 당신의 이미지

<호의적인 경우>

- 미래를 제압할 힘을 숨기고 있다
- 신뢰할 수 있다
- 센스가 좋다
- 낭만적이다
- 행동파
- 절묘한 리더

<부정적인 경우>

- 사람 분별없이 논다
- 방심할 수 없다
- 강경하다
- 시간이 아깝다
- 얽매인다
- 무엇을 하는지 의문스럽다
- 뒷받침이 없는 말과 행동

& 하현달 영역의 상성(相性)

— 길흉혼합(吉凶混合)

집중. 여러사람들을 좋아하게 될 듯

「하현달태생」은 하현달 영역을 맞아 고양기에 듭니다. 축제분위기를 좋아하는 특성이 모든 방면에서 나와 절호의 시기입니다.

한편「상현달태생」은 하현달 영역에서의 고양기와 보름달 영역에서의 정신적 충실기를 보낸 피로가 생겨 집중력이 결여된 실수가 눈에 띕니다. 귀찮고 의욕도 생기지 않고, 성실함이 사라지지만, 그만큼 각(角)이 둥글어지기 때문에 주위사람들과 친해집니다.

「하현달태생」은 고양기 탓으로 사람만 보면 좋아져서 이내 반하는 경우가 많습니다. 여기서 분명하지 않은 태도의 「상현달태생」의 비위를 일부러 맞출 필요는 없다고 생각하면 두 사람의 사랑은 끝나버릴 것입니다. 또 상현달 영역에서 연애태세를 취하는 것은 「하현달태생」과 「초승달태생」뿐인 이유도 있고, 좋아졌다고 해서 반드시 사랑으로 돌아오는 것은 아닙니다.

지금 연애감정이 저조기에 있는 「상현달태생」에게는 떠들썩한 축제분위기를 조금만 보이십시오. 그러면 나중에 그 답례를 기대할 수 있습니다.

어드바이스

「하현달태생」은 너글너글하고 대가족적인 분위기가 나는 달종족입니다. 약간의 분쟁이 있어도 형제간의 다툼 같아서 그다지 심각한 것은 아닙니다. 대신 「상현달태생」은 제멋대로 키워진 외아들 같습니다. 「하현달태생」의 넉살좋음, 염치없음, 명랑함 같은데서 동경을 품고 있습니다. 당신은 안에 틀어박힌 「상현달태생」의 상대를 어두침침한 굴에서 끄집어내는 역할을 해야 합니다. 한편, 섹스는 별로 좋지 않으므로 애정의 깊이를 호소하십시오.

이 일주일동안 상대방이 품게되는 당신의 이미지

<호의적인 경우>	<부정적인 경우>
· 애정이 깊다	· 태도가 계속 바뀐다
· 명랑하다	· 내가 있어 좋은 것이 아니다
· 흐름을 타서 기세등등하다	· 경솔하고 부주의하다
· 잘 돌봐준다	· 나를 가지고 논다
· 포용력이 있다	· 근성이 썩어빠졌다
· 말다툼해도 천성은 좋은사람	· 침착하지 못하다
· 너글너글하고 싫지가 않다	· 생각이 아무지지 못하다

◑하현달 VS ○보름달

당신　　　상대

연인인지 친구인지 애매한 결합

일반적인 상성

　사람은 철이들면 부끄러움을 느낍니다. 어째서 남에게 부끄러움을 느끼냐하면, 상대에게 미움받고 싶지 않은 잠재의식이 작용하기 때문입니다. 상대를 의식해서 자기의 정체를 숨기는 행위가 부끄러움의 원점이라 할 수 있을 것입니다. 처음에는 마음에 있는 사람을 만날 때마다 느낀 부끄러움이 상대와 친숙해짐에 따라 엷어져 가는 것은 그 때문입니다. 「보름달태생」이 표면적인 교제는 좋은데, 파고 들어오는 것을 거절하는 것은 핵심을 상대에게 드러내는 일로 미움이라도 받으면 부끄럽다고 하는 의식이 높기 때문입니다. 마찬가지로, 「하현달태생」의 붙임성은 미움받지 않을 것이라는 행위가 외향적으로 나온 것입니다.

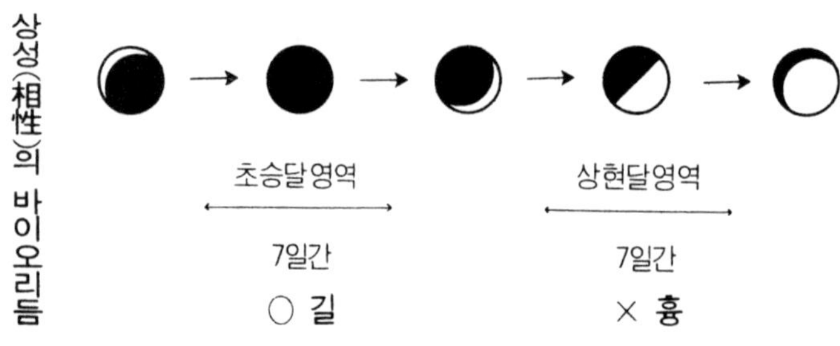

포인트

　「하현달태생」은 주위환경에 용해되는 적응력이 있기 때문에 「보름달태생」에게도 받아들여지는 것입니다. 말하자면, 트럼프의 조커!(joker) 그 장소에 맞춘 변환자재의 카드로 게임을 유리하게 옮겨 갑니다.

　그러나 「하현달태생」은 우정과 애정의 경계선이 확실히 보이지 않습니다. 친구상대로 구애하고, 지독한 경험을 할 타입입니다. 그런 실패의 상대로 「보름달태생」이 많습니다.

　「보름달태생」은 표면으로는 장단을 맞추지만, 내면에는 뿌리깊은 경계심을 가지고 있기 때문에 어디까지 사랑을 받아들이고 있는지 분명히 알 수 없습니다. 연인인가, 아니면 단순한 착각인가, 대상이 「보름달태생」이라면 지금 한번 냉정하게 바라볼 필요가 있습니다.

　그러나 창피를 당하고 후회가 늘 따라다니는 것이 연애입니다. 가슴의 두근거림을 많이 경험할 수 있는 「하현달태생」은 겁쟁이가 되어서는 안 됩니다. 실패를 두려워하여 한숨만 쉬고 있으면 모처럼만에 주어진 인생이 안타깝지 않습니까?

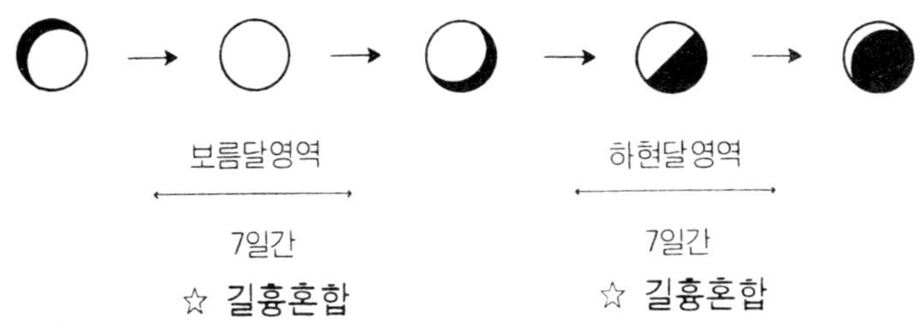

◑ 하현달
○ 보름달 & 초승달 영역의 상성(相性)

— 길(吉)

찬스도래. 얼만큼 강경하게 다가설까?

「하현달태생」은 초승달 영역에 들면, 「초승달태생」처럼 행동이 눈에 띕니다. 이성관계는 강경함이 효력을 나타내어 진전될 것입니다. 그러나 남의 평화를 빼앗으려는 일면도 있습니다. 어린아이들이 집짓기 놀이에서 쌓아올린 나무조각들을 충동적으로 무너뜨리고 싶어지는, 그런 느낌입니다.

상대인 「보름달태생」은 초승달 영역에서 개방적입니다. 대범한 충동은 패션에도 나타날 것입니다. 껍질을 깨고, 모험을 바라고 있습니다. 모험에는 위험이나 실패가 따르기 마련이지만, 보수적인 「보름달태생」에게는 좋은 경험이 될 것 같습니다.

「하현달태생」인 당신이 강경하게 「보름달태생」인 상대를 유혹하면, 연애가 성공할 것입니다. 「하현달태생」의 특성을 곡식에 비유하자면 「육성」입니다. 마찬가지로 「보름달태생」의 특성은 가루받이와 씨뿌리기 입니다. 여기에 초승달 영역은 수확기. 서로의 공동작업이 여기에서 일치합니다.

이 일주일은 약탈적인 사랑, 사랑의 도피행각, 불륜,

전격적인 입적 등이 보일 듯 합니다. 초승달 영역으로부
터의 사인을 모두 정렬로 쏟아부을 수 있었던 사람은 서
로 영혼을 뒤흔들 정도로 격하게 뜨거운 연애를 경험할
수 있을 것입니다.

어드바이스

「보름달태생」은 원래가 신중합니다. 속마음을 숨기고
자신을 지키면서 주위와 접촉합니다. 그래서 당신이 상
대를 깊히 알려해도 두꺼운 문앞에서 주저하고 맙니다.
　초승달태생에게는 그 문이 열려진 상태입니다. 그리고
당신은 적극성을 보이려 하기 때문입니다. 이런 두 사람
이 초승달 영역을 맞았을 때, 연애운은 길(吉)합니다. 뒷
일은 당신이 얼만큼 강경하게 다가서느냐에 달려 있습니
다. 섹스도 그럭저럭 잘 되어갈 것입니다.

이 일주일동안 상대방이 품게되는 당신의 이미지

<호의적인 경우>	<부정적인 경우>
· 쭉 바라고 있던 사람	· 집요하다
· 심지가 두텁다	· 인간적인 깊이가 떨어진다
· 구속되지 않은 자유로움	· 남의 험담을 한다
· 마음을 충족시켜 준다	· 혼자서는 아무것도 할 수 없다
· 일을 척척 진행해 간다	· 제3자의 일은 생각지 않는다
· 대화에 꽃을 피운다	· 자기자랑이 많다
· 행동력이 있다	· 언제나 같은 말만 한다

◑ 하현달 ○ 보름달 & 상현달 영역의 상성(相性)

— 흉(凶)

조용히 지켜봄. 플라토닉러브가 어울릴 시기

상현달 영역을 맞은 「하현달태생」은 정신세계를 모색합니다. 「인생의 의미란?」 같은 정답이 없는 문제의 해답을 찾아서 미로를 헤맬지도 모릅니다. 평소에는 아주 명랑한 당신이 수심에 잠기는 모습은 의기소침해 있는 것처럼 보일 것입니다.

상대인 「보름달태생」도 껍질 속에 틀어박혀 생각할 시기입니다. 지금보다 상쾌하고 신선한 것을 찾아내면, 현실을 탈피할 수 있을 것도 같습니다. 생각이 좁혀져 있는 상태라면 연애는 도저히 불가능하지 않겠습니까?

이미 진행중인 「하현달태생」과 「보름달태생」 커플은 연애를 잠시 쉬게 하셔야 할 것입니다. 상대와의 거리를 두고 가만히 지켜보며, 제3자의 눈으로 자기들을 고쳐 바라보면 다음에는 두 사람의 미래를 상상해 보십시오. 그렇게하면 서둘러 사랑에 돌진해가야 하는가, 아니면 후퇴해야 하는가, 저절로 답이 나올 것입니다.

만일 「하현달태생」인 당신이 헤어지기 싫어진다면 그 원인은 상냥함이 아니라, 자신의 욕심에서 오는 것이라 생각하십시오. 놓치는 것이 두려워 두 사람의 관계를 속이고, 두세 다리씩 걸치는 것은 상냥함이 아닙니다.

어드바이스

심신이 피로한 「하현달태생」인 당신은 실패만을 야기시키는 것 같습니다. 상현달 영역은 항상 바쁘게 돌아다니는 「하현달태생」에게 있어 날카로운 기상을 기를 절호의 시기입니다. 태세를 다시 정비하는 동안 장래로 이어질 성공의 씨앗을 발견하게 됩니다.

연애면에서는 상대인 「보름달태생」의 육체만을 원하는 동물적인 섹스는 좋지않게 끝날 것입니다. 상현달 영역에서의 두 사람은 선물을 보낸다거나 전화로 사랑을 서로 확인하는, 그런 플라토닉러브가 어울립니다.

이 일주일동안 상대방이 품게되는 당신의 이미지

\<호의적인 경우\>

- 친절한 사람
- 자연스레 대처한다
- 속이 깊다
- 마음의 의지할 곳
- 넉살좋다
- 친구할만하다
- 패기있는 인생

\<부정적인 경우\>

- 기운이 없다
- 뭔가 계획하고 있다
- 시시하다
- 침울해져 있다
- 집중할 수 없다
- 감정의 기복이 없다

◑ 하현달
○ 보름달　&　보름달 영역의 상성(相性)

— 길흉혼합(吉凶混合)

경쟁. 우물쭈물거리고 있으면 가로채임

　보름달 영역의 도래는 모든 인간을 생식적으로 만듭니다.「하현달태생」은 성별을 초월한 이성감(異性感)을 밑바탕에 깔고 있지만 그래도 역시 성적본능을 나타내고 이성과의 사랑을 바랄 것입니다.

　래신「보름달태생」은 고양기입니다. 이성에게 성적매력을 호소할 시기입니다. 심신의 고양으로 침착하지 못하고, 자기를 꾸며서 밖으로 나가고 싶어합니다. 그리고 많은 사람들과의 접촉이 시작될 것입니다.

　「하현달태생」과「보름달태생」커플은 만조가 된 상태입니다. 쾌락의 바다에 빠질 것입니다. 실제 보름달은 "한사리"라고 해서 조수간만의 차가 가장 커서 거의 대부분의 생명체가 생식활동을 합니다. 마찬가지로 인간사회에 있어서도 사랑의 경쟁이 심해지는 시기이므로 당신도 지고서는 견딜 수가 없습니다. 적극적으로 도전해 보십시요.

　사랑고백하기에는 보름달 영역이 가장 좋습니다. 결과는 길흉혼합이지만, 데이트를 신청하기에도 좋은 시기입니다. 보름달과 너무나 잘 통하는「보름달태생」은 얼핏

보면 어쩐지 나른하고 의욕이 없어 보이지만, 당신이 강하게 유혹하면 내키지 않는 마음이라도 시작할 것입니다.

어드바이스

보름달 영역의 일주일은 밤거리에서 사람들이 북적댑니다. 그 기회를 타고 많은 커플이 생깁니다.「보름달태생」인 상대는 특히 인기가 많을 것입니다. 이 시기「하현달태생」인 당신은 친구라는 감정을 버리고 사랑으로 달리지 않으면, 마음에 있는 상대를 누군가에게 가로채일지도 모릅니다.

어물거리지 말고, 육체의 멋진 변화를 통해 사랑의 세계로 빠져 드십시오. 보름달 영역은 러브호텔이 장사가 잘 된다고도 합니다.

이 일주일동안 상대방이 품게되는 당신의 이미지

<호의적인 경우>

- 정열가
- 이상적인 파트너
- 가슴이 두근거린다
- 뛰어들면 받아준다
- 안심할 수 있다
- 잘 논다
- 인기있다

<부정적인 경우>

- 사람을 안 가리고 자는 것 같다
- 입에 발린 말을 한다
- 수치심이 없다
- 끈기부족
- 눈에 띠고 싶어한다
- 용기가 없다
- 머리속이 온통 섹스생각

◑ 하현달
○ 보름달 **& 하현달 영역의 상성(相性)**

― 길흉혼합(吉凶混合)

상대나름, 섹스를 뺀 유희를 만끽

하현달 영역을 맞은 「하현달태생」은 고양기입니다. 왠지 마음이 안정되지 않을 것입니다. 사람에게 욕심이 생기고, 상대를 계속 칭찬하게 되고, 무턱대고 감동받은 듯이 행동하여 자기편으로 끌어들이려고 합니다.

하는 것보다 해주길 바라는 수동형인 보름달태생은 하현달 영역에 들면 상대를 두루 마음써주게 됩니다. 그리고 성적 욕망이 작아지는 것은 「보름달태생」에게 있어 하현달 영역이 소위 「자녀교육」의 시기에 적합하기 때문입니다.

「하현달태생」인 당신은 누구든지 좋아하게 될 태세이지만, 상대인 「보름달태생」은 사랑의 정체기입니다. 따라서 연애운은 길(吉)이 아니지만, 그렇다고 해서 흉(凶)한 것도 아닙니다. 즉, 결말은 상대나름입니다. 이미 사귀고 있는 커플은 섹스를 뺀 데이트를 염두에 두고 실컷 유희를 만끽하게 해 주십시오.

이제부터 사랑이 시작될 것 같은 사람은 지금 연애감정이 낮아져 있는 「보름달태생」에게의 고백은 피하는게 좋습니다. 이 시기는 고작 단체의 일원으로서 같이 노는 정도로 억눌러 두는 편이 무난합니다.

어드바이스

고양기로 고조기에 이른 「하현달태생」은 만취한 듯한 느낌이 듭니다. 말을해도 말이 잘 안 되고, 얘기가 너무 건너뛰어서 정리가 되지 않는 일이 눈에 띌 것입니다. 고양기 직후로 냉정함을 되찾고 있는 「보름달태생」인 상대는 당신의 그런 모습을 보고 길흉혼합의 판단을 내릴 것 같습니다.

처음부터 호감을 느낀 경우에는 들떠서 '무엇을 할까?' 하고 호의적이지만, 그렇지 않으면 연애의 대상 밖으로 여겨버리는 것이 하현달 영역의 상성입니다.

이 일주일동안 상대방이 품게되는 당신의 이미지

<호의적인 경우>	<부정적인 경우>
· 열광적이다	· 착각하고 있다
· 인생을 즐기고 있다	· 무시당한다
· 나쁜사람이 아니다	· 수준이 낮다
· 얘기가 잘 통한다	· 이해할 수 없다
· 동료들이 그리워한다	· 만나고 싶지 않다
· 축제분위기를 좋아한다	· 감각이 둔하다
· 잘 대해준다	· 성가시다

당신 ◐하현달 VS 상대 ◑하현달

마음편히 사귈수 있는 대가족적 공동체

일반적인 상성

「상현달태생」끼리의 결합은 대가족적입니다. 대가족이란 몇 세대가 한대모여 살고, 형제자매가 많으며, 한 집에 모두 생활하는 공동체를 말합니다. 언뜻보기엔 평화롭게 보여도 내부에는 경쟁이 있습니다. 어떤 요구가 있으면 밀담이 오가야 합니다.

「하현달태생」은 대가족 안에서 상대에게 어떻게 접촉하고 어떻게 받아들이면 최종적으로 어떻게 될 거라는 전술에 뛰어납니다. 대인관계, 혹은 연애를 하더라도「하현달태생」이 신경을 써서 바지런히 움직이는 것은 그 때문입니다. 또 나이, 성별을 불문하고 누구든지 차별을 두지않고 가뿐하게 놀 수 있는 것도 대가족적이라 할 수 있을 것입니다.

<table>
<tr><td rowspan="4">상성(相性)의 바이오리듬</td><td colspan="5">● → ● → ◐ → ◑ → ○</td></tr>
<tr><td colspan="2">초승달영역</td><td></td><td colspan="2">상현달영역</td></tr>
<tr><td colspan="2">7일간</td><td></td><td colspan="2">7일간</td></tr>
<tr><td colspan="2">× 흉</td><td></td><td colspan="2">○ 길</td></tr>
</table>

포인트

「하현달태생」끼리의 교제는 만남, 열애, 이별의 사이클이 단기간에 진행됩니다. 자기주장을 하면서도 상대에게 맞춰 갈 수 있어서 두 사람의 관계는 점점 진전을 볼 것입니다.

게다가 성급하고 덜렁대는 사람끼리의 교제는 서로 신중하고 주의깊게 하는 편이 좋을 것입니다. 만약 가벼운 유희로 시간을 보내면, 모처럼 최상의 상대와 우연히 만났다고 해도 엉뚱한 이별로 두고두고 후회할 인생의 비극을 맛볼지도 모릅니다. 결합은 최상이어서 서로「하현달태생」인 상대는 소중히 여기는 것이 좋을 듯합니다.

「하현달태생」은 적극적으로 대인관계를 바라고 풍요로운 인생을 만들어 갑니다. 그것은 물론 이성관계에서도 같은 경향으로 옥신각신한 끝에 분쟁에도 말려들 것 같습니다. 그런 달종족끼리의 연애는 삼각관계가 파국의 원인이 될 것 같습니다.

또한 삼각관계는커녕 좀처럼 친구로부터 앞으로 나아갈 수 없는 가족적인 「하현달태생」끼리도 나올 것입니다.

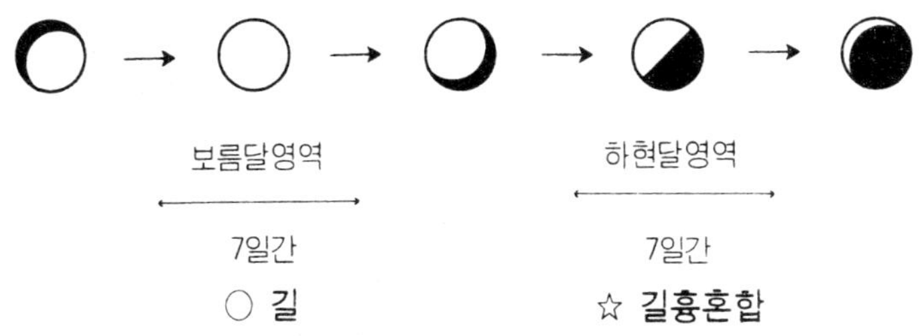

◐ 하현달 ◑ 하현달 & 초승달 영역의 상성(相性)

— 흉(凶)

격돌. 사랑과 미움의 긴급출동

초승달 영역에든 「하현달태생」은 「초승달태생」처럼 특성을 나타냅니다. 변화가 눈에 띄는 것은 호조와 저조의 파도가 엄습해오는 폭력적인 상대를 덮쳐누르려 하는 탐욕적인 부분입니다.

전체적으로 좋은 인품이 엷어지고, 그 대신 와일드한 느낌이 더해진 상태입니다. 대가족과 보내는 「하현달태생」은 초승달 영역에서 가장으로서 행동하고 보다 단결력을 높이려 합니다.

평소에는 가정적이던 아버지가 갑자기 완고한 아버지로 변하기 때문에 주위사람들은 당황할 것입니다. 게다가 가장은 한 사람이 될 수 밖에 없기 때문에 「하현달태생」끼리의 사이는 어색해질 수도 있습니다.

「하현달태생」 커플은 질질 끌어온 관계가 완전히 바뀌어 사랑과 미움이 교차하는 스릴 만점으로 전개됩니다. 상대를 신경쓰는 것보다 자기 의견을 관철하려 하면 서로 충돌하는 일이 많아질 것입니다. 그렇기 때문에 섹스는 원만하게 즐길 수 있습니다. 육체를 합쳐 사이가 회복될 수 있다면 이보다 더 좋은 것은 없겠지요.

어드바이스

오래 사귄 커플은 서로「하현달태생」인 상대를 때때로 귀찮게 여깁니다. 마음속에서 연인을 매도하기도 하고, 때로는 후려갈기고 싶은 충동에 휩싸일 수도 있습니다. 말하자면 발밑에서 무릎꿇게 하고 싶을 것입니다.

초승달 영역에서 충돌하면, 고양기인「초승달태생」을 사이에 끼워 화해를 도모하는게 좋을 것입니다. 다행히 서로가「초승달태생」에게 약해서 어떻게든 수습이 될 것 같습니다. 또한 이제부터 사귀기 시작할 사람은 상대를 추켜세우고 저자세로 나가면 잘 풀릴 것입니다.

이 일주일동안 상대방이 품게되는 당신의 이미지

<호의적인 경우>	<부정적인 경우>
• 풍요로운 생활을 한다	• 화목을 깬다
• 두뇌회전이 빠르다	• 건방지다
• 최고를 추구한다	• 신경에 거슬리는 존재
• 힘이 넘쳐난다	• 독차지하려 한다
• 리더적 존재	• 다툼을 좋아한다
• 돈을 많이 벌 것 같다	• 기복이 있는 성격
• 존재감이 있다	• 빼길뿐 속은 빈껍데기다

☽ 하현달 ☽ 하현달 & 상현달 영역의 상성(相性)

― 길(吉)

처음 기분으로 돌아가다 사랑의 재발견시기

상현달 영역을 맞은 「하현달태생」은 정신적인 방향성을 바꿉니다. 광대한 대지를 목적도 없이 뛰어다니는 야생마떼가 차가운 강 앞에서 멈춰선 느낌입니다. 고개숙여 물을 마시면 메마른 목줄기가 축축하게 적셔지고 편안해질 수 있습니다. 그리고 이제 달릴 필요가 있는가를 새삼스레 생각하기 시작합니다.

「하현달태생」 커플은 이성관계를 초월하여 형제처럼 지내게 됩니다. 그런 까닭에 상현달 영역에서 문득 이렇게 생각합니다. 좀더 심장이 두근거리는 사랑을 해보고 싶은데…… 하고 말입니다.

상대에게 아쉬움을 느끼면 당신은 친구나 아는 사람의 이성을 떠올릴지도 모릅니다. 그러나 상현달 영역에서는 배신행위까지는 하지 않겠죠? 그러기는커녕 오히려 정신적인 배신을 생각한 반동으로 상대에게 신선미를 느끼는 경우도 있습니다. 그렇게되면 두 사람은 당분간 위기를 모면할 수 있을 것입니다. 「하현달태생」끼리의 사랑은 서로 친함이 화근이 됩니다. 가끔은 처음으로 돌아가 선물을 주는 연인다움이 필요합니다.

한편, 상현달 영역에서의 사랑고백은 그다지 권할 수 없습니다. 섹스는 저조기미를 보입니다.

어드바이스

「하현달태생」 커플은 상현달 영역 안에서 사랑을 재발견할 수 있을 것입니다. 원래 서로를 너무 편하게 생각한 나머지 연애로 이르지 않는 경우가 많은 「하현달태생」이라서 이 상현달 영역은 아주 중요합니다.

왜냐하면 사랑의 확인이 없다면 두 사람은 자극을 바라고 다른 달종족의 이성을 원할지도 모르니까요. 하긴 헤어져도 두 사람사이는 끝나지않고 머지않아 다시 회복되는 것이 「하현달태생」의 특성이니까 말입니다.

이 일주일동안 상대방이 품게되는 당신의 이미지

<호의적인 경우>	<부정적인 경우>
· 노력가며 박식하다	· 진지하지 못하다
· 현대적인 사고방식	· 쓸데없는 말만 한다
· 세심한 곳까지 신경쓴다	· 시선이 이성에게 간다
· 설득력이 뛰어나다	· 멍청해 보인다
· 선견지명이 있다	· 경솔한 행동
· 정이 많다	· 제자리에서 맴돌고 있다
· 언제나 사이가 좋다	· 두각을 나타내지 못하고 있다

◑ 하현달
◑ 하현달 & 보름달 영역의 상성(相性)

— 길(吉)

충실. 사랑의 진전을 기대할 듯

보름달 영역에서 「하현달태생」은 상승기운입니다. 보름달이 초래하는 심신에 대한 고양감도 돕고, 즐겁고 충실한 일주일을 보낼 수 있을 것입니다. 동료들에게 인기를 끌 시기여서 물론 사랑의 진전도 충분히 기대될 것 같습니다. 찬스는 피하지 말고, 친밀한 데이트를 하기에도 이 보름달 영역이 가장 좋습니다.

다만 「하현달태생」의 즐거움은 기본적으로 다른 달종족과 접할 때 발휘되는 종류의 것입니다. 따라서 「하현달태생」끼리가 두 사람만이 되어도 아무일 없이 사건도 일어나지 않는 공허한 시간을 낭비하는 경향이 있습니다. 멍청하게 있으면 보름달 영역이 금방 지나가버리고 후회만이 남을 것입니다.

「하현달태생」은 인생을 즐기는 제1인자 입니다. 초라하고 눅눅한 생활은 어울리지 않습니다. 밖으로 밖으로 뛰어나가십시오. 파트너가 마찬가지로 「하현달태생」이라면, 둘이서 더욱 넓은 세계로 도전해 갈 것입니다. 괴로워지면 밤하늘을 바라보세요. 당신들의 머리위에는 보름달(성공의미)이 빛나고 있습니다.

어드바이스

「하현달태생」은 소수를 깊히 사랑하기보다도 다수를 엷게 사랑하는 것을 좋아하는 종족입니다. 집단 속에서만 활기찬 당신이 「하현달태생」끼리 두 사람만의 세계에만 있으면 제자리에서 맴도는 일이 많이 나올 것입니다.

보름달 영역에서의 유희는 「하현달태생」을 최고의 기분이 들게 합니다. 홈파티를 열기도 하고, 캠핑을 가기도 하고, 동료들과 같이 지내면 자연히 두 사람사이도 깊어져 갈 것입니다. 보름달영역에서의 섹스는 아주 좋지만, 임신에 주의를 하십시오.

이 일주일동안 상대방이 품게되는 당신의 이미지

＜호의적인 경우＞	＜부정적인 경우＞
· 끌어들이는 매력이 있다	· 침착하지 못하다
· 즐겁게 해준다	· 무책임하다
· 유행의 최첨단을 걷는다	· 진절머리난다
· 틀림없이 성공한다	· 지레짐작한다
· 이상적으로 나아간다	· 튀면 무조건 좋은 줄 안다
· 친구들에게 친절하다	· 유치하다
· 원기왕성하다	· 누구에게든 쓸데없이 간섭한다

◐ 하현달 / ◐ 하현달 & 하현달 영역의 상성(相性)

― 길흉혼합(吉凶混合)

초쾌락주의. 나쁜 유희는 실패의 원인

하현달 영역을 맞은 「하현달태생」은 고양기입니다. 주위사람들과 흥청대며 보내려고 이벤트행사를 계획합니다. 모두 본인이 주가 아니라, 누군가를 세워서 하는 계획이 많아질 것입니다. 그러나 초쾌락주의라서 나쁜 유희가 실패로도 이어질 수 있습니다.

고양기의 기세를 살리는 것은 아주 중요한 일이지만, 이 시기에 자기만의 세계에서 놀고 마는 「하현달태생」에게는 신중함이 부족한 것 같습니다. 게다가 너무 지나치게 친화성을 발휘하면 자신이라는 척도조차 잃어버릴 수 있고 만약 그렇게되면 주위사람들을 실컷 농락한 결과 많은 손실을 끼칠 것입니다.

「하현달태생」과 「하현달태생」이 하현달 영역을 맞아 고양기에 들면 모든 결과는 길흉혼합이 됩니다. 같은 달 종족은 서로를 속속들이 아는 만큼, 같이 있어 안도감을 느껴 편안하지만, 같이 고양기를 보낸다는 점에 있어서는 위험을 동반합니다.

또, 그릇이 큰 「하현달태생」은 연애에 관해서도 한 사람만으로는 만족할 수 없습니다. 특히 고양기는 보다 많은 섹스친구를 바라는 경향이 강하게 나타납니다.

어드바이스

고양기에 심신의 나른함을 느끼는 것은 지쳐있다는 증거입니다. 그러나 오래사귄 커플은 한쪽이 고양기를 타지 않는 편이 균형을 이루어 좋은 결과를 얻습니다. 게다가 서로가 고양기에 들면 이성문제가 발생할 확률이 높아지는 경우도 있습니다.

또한 이제부터 마음에 있는 상대를 적중시키려는 사람은 이 일주일이 절호의 찬스입니다. 서로가 다른 이성에게 눈을 돌리지 않는 한, 교제는 바라는 대로 원만하게 진행될 것입니다.

섹스는 두 사람이 우정을 느끼지 않는 한 양호합니다.

이 일주일동안 상대방이 품게되는 당신의 이미지

<호의적인 경우>

- 가슴이 두근거린다
- 사랑할 수 있을 것 같다
- 연전 연승, 파죽지세
- 농담으로 웃겨준다
- 의지할만하다
- 돈에 구속받지 않는다
- 희생을 치르더라도 애써준다

<부정적인 경우>

- 바람꾼
- 허사로 돌아가는 일이 많다
- 침착하지 못하다
- 뜻밖의 실수로 진다
- 깊이 생각하려 들지 않는다
- 변신이 서툴다
- 잘 잊어버린다

부 록

월령일정표(月齡日程表)

★ 1932年

초승달	상현달	보름달	하현달
			1/1
1/8	1/16	1/23	1/30
2/6	2/15	2/22	2/29
3/7	3/15	3/22	3/29
4/6	4/14	4/21	4/28
5/6	5/13	5/20	5/27
6/4	6/12	6/18	6/26
7/4	7/11	7/18	7/25
8/2	8/9	8/16	8/24
9/1	9/7	9/15	9/23
9/30	10/7	10/14	10/23
10/29	11/5	11/13	11/21
11/28	12/5	12/13	12/21
12/27			

1933年

초승달	상현달	보름달	하현달
	1/4	1/12	1/19
1/26	2/2	2/10	2/17
2/24	3/4	3/12	3/19
3/26	4/3	4/10	4/17
4/25	5/3	5/10	5/16
5/24	6/1	6/8	6/15
6/23	7/1	7/7	7/14
7/23	7/30	8/6	8/13
8/21	8/28	9/4	9/12
9/20	9/27	10/4	10/12
10/19	10/26	11/2	11/10
11/18	11/24	12/2	12/10
12/17	12/24		

1934年

초승달	상현달	보름달	하현달
		1/5	1/9
1/15	1/22	1/31	2/7
2/14	2/21	3/1	3/9
3/15	3/23	3/31	4/7
4/14	4/22	4/29	5/6
5/13	5/22	5/29	6/4
6/12	6/20	6/27	7/4
7/12	7/20	7/26	8/2
8/10	8/18	8/25	9/1
9/9	9/16	9/23	9/30
10/9	10/16	10/23	10/30
11/7	11/14	11/21	11/29
12/7	12/13	12/21	12/29

1935年

초승달	상현달	보름달	하현달
1/5	1/12	1/20	1/28
2/4	2/10	2/18	2/26
3/5	3/12	3/20	3/28
4/3	4/11	4/19	4/26
5/3	5/10	5/18	5/25
6/1	6/9	6/17	6/23
7/1	7/9	7/16	7/23
7/30	8/7	8/14	8/21
8/29	9/6	9/13	9/19
9/28	10/5	10/12	10/19
10/27	11/4	11/10	11/18
11/26	12/3	12/10	12/18
12/26			

★ 1936年

초승달	상현달	보름달	하현달
	1/2	1/9	1/17
1/24	1/31	2/7	2/16
2/23	2/29	3/8	3/16
3/23	3/30	4/7	4/15
4/21	4/28	5/7	5/14
5/21	5/28	6/5	6/12
6/19	6/27	7/5	7/12
7/19	7/26	8/3	8/10
8/17	8/25	9/1	9/8
9/16	9/24	10/1	10/7
10/15	10/23	10/30	11/6
11/14	11/22	11/29	12/6
12/14	12/21	12/28	

1937年

초승달	상현달	보름달	하현달
			1/4
1/13	1/20	1/27	2/3
2/11	2/18	1/25	3/5
3/13	3/19	3/27	4/4
4/11	4/18	4/26	5/4
5/10	5/17	5/25	6/2
6/9	6/16	6/24	7/1
7/8	7/15	7/23	7/31
8/6	8/14	8/22	8/29
9/5	9/13	9/20	9/27
10/4	10/13	10/20	10/26
11/3	11/11	11/18	11/25
12/3	12/11	12/18	12/24

1938年

초승달	상현달	보름달	하현달
1/2	1/9	1/16	1/23
1/31	2/8	2/15	2/22
3/2	3/9	3/16	3/24
4/1	4/8	4/15	4/23
4/30	5/7	5/14	5/22
5/29	6/5	6/13	6/21
6/28	7/4	7/13	7/20
7/27	8/3	8/11	8/19
8/25	9/2	9/10	9/17
9/24	10/1	10/9	10/16
10/23	10/31	11/8	11/15
11/22	11/30	12/7	12/14
12/22	12/30		

1939年

초승달	상현달	보름달	하현달
		1/6	1/12
1/20	1/28	2/4	2/11
2/19	2/27	3/6	3/13
3/21	3/28	4/4	4/12
4/20	4/27	5/4	5/11
5/19	5/26	6/2	6/10
6/17	6/24	7/2	7/10
7/17	7/23	7/31	8/8
8/15	8/22	8/30	9/7
9/13	9/20	9/28	10/6
10/13	10/20	10/28	11/4
11/11	11/19	11/27	12/4
12/11	12/19	12/26	

★ 1940年

초승달	상현달	보름달	하현달
			1/2
1/9	1/18	1/25	1/31
2/8	2/16	1/23	3/1
3/9	3/17	3/24	3/31
4/8	4/15	4/22	4/29
5/7	5/15	5/21	5/29
6/6	6/13	6/20	6/28
7/5	7/12	7/19	7/27
8/4	8/10	8/18	8/26
9/2	9/9	9/16	9/25
10/1	10/8	10/16	10/24
11/31	11/7	11/15	11/23
11/29	12/7	12/15	12/22
12/29			

注) ★가 찍힌 해는 윤달이 있는 해이고, 29일까지 있습니다.

1941年

초승달	상현달	보름달	하현달
	1/5	1/13	1/20
1/27	2/4	2/12	2/19
2/26	3/6	3/13	3/20
3/28	4/5	4/12	4/18
4/26	5/4	5/11	5/18
5/26	6/3	6/9	6/17
6/25	7/2	7/9	7/16
7/24	7/31	8/7	8/15
8/23	8/29	9/6	9/14
9/21	9/28	10/5	10/13
10/20	10/27	11/4	11/12
11/19	11/26	12/4	12/12
12/18	12/25		

1942年

초승달	하현달	보름달	하현달
		1/3	1/10
1/17	1/24	2/1	2/8
2/15	2/23	3/3	3/10
3/17	3/25	4/1	4/8
4/15	4/24	5/1	5/7
5/15	5/23	5/30	6/6
6/14	6/22	6/28	7/5
7/13	7/21	7/28	8/4
8/12	8/19	8/26	9/3
9/11	9/18	9/24	10/2
10/10	10/17	10/24	11/1
11/9	11/15	11/23	12/1
12/8	12/15	12/23	12/31

1943年

초승달	하현달	보름달	하현달
1/6	1/13	1/21	1/29
2/5	2/12	2/20	2/28
3/6	3/14	3/22	3/29
4/5	4/13	4/20	4/27
5/4	5/12	5/20	5/26
6/3	6/11	6/18	6/25
7/2	7/11	7/17	7/24
8/1	8/9	8/16	8/23
8/31	9/7	9/14	9/21
9/29	10/7	10/13	10/21
10/29	11/5	11/12	11/20
11/28	12/4	12/12	12/20
12/27			

★ 1944年

초승달	하현달	보름달	하현달
	1/3	1/10	1/19
1/26	2/1	2/9	2/17
2/24	3/2	3/10	3/18
3/24	3/31	4/9	4/16
4/23	4/30	5/8	5/15
5/22	5/30	6/7	6/14
6/21	6/29	7/6	7/13
7/20	7/28	8/4	8/11
8/19	8/27	9/3	9/9
9/17	9/25	10/2	10/9
10/17	10/25	10/31	11/8
11/16	11/23	11/30	12/7
12/15	12/23	12/29	

1945年

초승달	상현달	보름달	하현달
			1/6
1/14	1/21	1/28	2/5
2/13	2/19	2/27	3/7
3/14	3/21	3/29	4/6
4/12	4/19	4/27	5/5
5/12	5/19	5/27	6/3
6/10	6/17	6/26	7/3
7/9	7/17	7/25	8/1
8/8	8/16	8/23	8/30
9/6	9/15	9/22	9/28
10/6	10/14	10/21	10/28
11/5	11/13	11/20	11/26
12/5	12/12	12/19	12/26

1946年

초승달	하현달	보름달	하현달
1/3	1/11	1/17	1/25
2/2	2/9	2/16	2/24
3/4	3/10	3/18	3/26
4/2	4/9	4/16	4/25
5/1	5/8	5/16	5/24
5/31	6/7	6/15	6/22
6/29	7/6	7/14	7/22
7/28	8/5	8/13	8/20
8/27	9/3	9/11	9/18
9/25	10/3	10/11	10/17
10/25	11/2	11/9	11/16
11/24	12/2	12/9	12/15
12/23	12/31		

1947年

초승달	상현달	보름달	하현달
		1/7	1/14
1/22	1/30	2/6	2/13
1/21	2/28	3/7	3/15
3/23	3/30	4/6	4/13
4/21	4/28	5/5	5/13
5/20	5/27	6/4	6/12
6/19	6/25	7/3	7/11
7/18	7/25	8/2	8/10
8/16	8/23	9/1	9/8
9/15	9/22	9/30	10/7
10/14	10/22	10/30	11/6
11/13	11/21	11/28	12/5
12/12	12/21	12/28	

★ 1948年

초승달	상현달	보름달	하현달
			1/3
1/11	1/19	1/26	2/2
2/10	2/18	2/25	3/3
3/11	3/18	3/25	4/1
4/9	4/17	4/23	5/1
5/9	5/16	5/23	5/31
6/7	6/14	6/21	6/30
7/7	7/13	7/21	7/29
8/5	8/12	8/20	8/28
9/3	9/10	9/18	9/26
10/3	10/10	10/18	10/25
11/1	11/9	11/17	11/24
12/1	12/8	12/16	12/23
12/30			

1949年

초승달	상현달	보름달	하현달
	1/7	1/15	1/21
1/29	2/6	2/13	2/20
2/28	3/8	3/15	3/21
3/30	4/6	4/13	4/20
4/28	5/6	5/12	5/20
5/28	6/4	6/11	6/18
6/26	7/3	7/10	7/18
7/26	8/1	8/9	8/17
8/24	8/31	9/7	9/15
9/22	9/29	10/7	10/15
10/22	10/29	11/6	11/14
11/20	11/27	12/6	12/13
12/20	12/27		

注) ★가 찍힌 해는 윤달이 있는 해이고, 29일까지 있습니다.

1950年

초승달	상현달	보름달	하현달
		1/4	1/11
1/18	1/26	2/3	2/10
2/17	2/25	3/4	3/11
3/19	3/27	4/3	4/9
4/17	4/25	5/2	5/9
5/17	5/25	5/31	6/7
6/16	6/23	6/30	7/7
7/15	7/22	7/29	8/6
8/14	8/21	8/27	9/4
9/12	9/19	9/26	10/4
10/11	10/18	10/26	11/3
11/10	11/17	11/25	12/3
12/9	12/16	12/24	

1951年

초승달	상현달	보름달	하현달
			1/1
1/8	1/15	1/23	1/31
2/6	2/14	2/22	3/1
3/8	3/16	3/23	3/30
4/6	4/14	4/22	4/28
5/6	5/14	5/21	5/28
6/5	6/13	6/19	6/26
7/4	7/12	7/19	7/26
8/3	8/10	8/17	8/24
9/1	9/9	9/15	9/23
10/1	10/8	10/15	10/23
10/30	11/6	11/14	11/22
11/29	12/6	12/13	12/21
12/28			

★ 1952年

초승달	상현달	보름달	하현달
	1/4	1/12	1/20
1/27	2/3	2/11	2/19
2/25	3/3	3/12	3/19
3/26	4/2	4/10	4/17
4/24	5/2	5/10	5/16
5/24	6/1	6/8	6/15
6/22	6/30	7/7	7/14
7/22	7/30	8/6	8/12
8/21	8/28	9/4	9/11
9/19	9/27	10/3	10/11
10/19	10/26	11/2	11/10
11/17	11/24	12/1	12/9
12/17	12/24	12/31	

1953年

초승달	상현달	보름달	하현달
			1/8
1/15	1/22	1/30	2/7
2/14	2/21	3/1	3/9
3/15	3/22	3/30	4/7
4/14	4/21	4/29	5/6
5/13	5/21	5/29	6/5
6/11	6/19	6/27	7/4
7/11	7/19	7/26	8/2
8/10	8/18	8/25	8/31
9/8	9/16	9/23	9/30
10/8	10/16	10/22	10/29
11/7	11/14	11/21	11/28
12/6	12/14	12/20	12/28

1954年

초승달	상현달	보름달	하현달
1/5	1/12	1/19	1/27
2/4	2/10	2/18	2/26
3/5	3/12	3/19	3/28
4/3	4/10	4/18	4/26
5/3	5/10	5/18	5/25
6/1	6/8	6/16	6/24
6/30	7/8	7/16	7/23
7/30	8/7	8/14	8/21
8/28	9/5	9/13	9/19
9/27	10/5	10/12	10/19
10/27	11/4	11/10	11/17
11/25	12/3	12/10	12/17
12/25			

1955年

초승달	상현달	보름달	하현달
	1/2	1/8	1/16
1/24	1/31	2/7	2/15
2/23	3/1	3/9	3/17
3/24	3/31	4/7	4/15
4/22	4/29	5/7	5/15
5/22	5/28	6/5	6/13
6/20	6/27	7/5	7/13
7/19	7/27	8/4	8/11
8/18	8/25	9/2	9/9
9/16	9/24	10/2	10/8
10/16	10/24	10/31	11/7
11/14	11/23	11/30	12/6
12/14	12/22	12/29	

★ 1956年

초승달	상현달	보름달	하현달
			1/5
1/13	1/21	1/27	2/4
2/12	2/19	2/26	3/4
3/12	3/20	3/26	4/3
4/11	4/18	4/25	5/3
5/10	517	5/25	6/2
6/9	6/15	6/23	7/1
7/8	7/15	7/23	7/31
8/6	8/13	8/21	8/29
9/5	9/12	9/20	9/27
10/4	10/12	10/20	10/27
11/3	11/11	11/18	11/25
12/2	12/10	12/18	12/24

1957年

초승달	상현달	보름달	하현달
1/1	1/9	1/16	1/23
1/31	2/8	2/15	2/21
3/2	3/9	3/16	3/23
3/31	4/8	4/14	4/22
4/30	5/7	5/14	5/22
5/29	6/5	6/12	6/20
6/28	7/4	7/12	7/20
7/27	8/3	8/10	8/19
8/25	9/1	9/9	9/17
9/24	10/1	10/9	10/16
10/23	10/30	11/7	11/15
11/22	11/29	12/7	12/14
12/21	12/29		

1958年

초승달	상현달	보름달	하현달
		1/6	1/12
1/20	1/28	2/4	2/11
2/19	2/27	3/6	3/12
3/20	3/28	4/4	4/11
4/19	4/27	5/3	5/10
5/19	5/26	6/2	6/9
6/17	6/24	7/1	7/9
7/17	7/23	7/31	8/8
8/15	8/22	8/29	9/6
9/13	9/20	9/28	10/6
10/13	10/19	10/28	11/4
11/11	11/18	11/26	12/4
12/11	12/18	12/26	

(註) ★가 찍힌 해는 윤달이 있는 해이고, 29일까지 있습니다.

1959年

초승달	상현달	보름달	하현달
			1/2
1/9	1/17	1/25	2/1
2/8	2/16	2/23	3/2
3/9	3/18	3/25	3/31
4/8	4/16	4/23	4/30
5/8	5/16	5/22	5/29
6/6	6/14	6/21	6/28
7/6	7/13	7/20	7/27
8/4	8/12	8/18	8/26
9/3	9/10	9/17	9/25
10/2	10/9	10/17	10/25
11/1	11/7	11/15	11/23
11/30	12/7	12/15	12/23
12/30			

★ 1960年

초승달	상현달	보름달	하현달
	1/6	1/14	1/22
1/28	2/4	2/13	2/20
2/27	3/5	3/13	3/20
3/27	4/4	4/12	4/18
4/26	5/4	5/11	5/18
5/25	6/3	6/9	6/16
6/24	7/2	7/9	7/16
7/24	7/31	8/7	8/14
8/22	8/30	9/5	9/13
9/21	9/28	10/5	10/13
10/20	10/27	11/3	11/11
11/19	11/26	12/3	12/11
12/18	12/25		

1961年

초승달	상현달	보름달	하현달
		1/2	1/10
1/17	1/24	2/1	2/9
2/15	2/22	3/2	3/10
3/17	3/24	4/1	4/8
4/15	4/23	5/1	5/8
5/15	5/23	5/30	6/6
6/13	6/21	6/28	7/5
7/13	7/21	7/28	8/3
8/11	8/19	8/26	9/2
9/10	9/18	9/24	10/1
10/10	10/17	10/24	10/31
11/8	11/15	11/22	11/30
12/8	12/15	12/22	12/30

1962年

초승달	상현달	보름달	하현달
1/6	1/13	1/21	1/29
2/5	2/12	2/19	2/28
3/6	3/13	3/21	3/29
4/5	4/12	4/20	4/27
5/4	5/11	5/19	5/27
6/2	6/10	6/18	6/25
7/2	7/10	7/17	7/24
7/31	8/9	8/16	8/22
8/30	9/7	9/14	9/21
9/29	10/7	10/13	10/20
10/28	11/5	11/12	11/19
11/27	12/5	12/11	12/19
12/27			

1963年

초승달	상현달	보름달	하현달
	1/3	1/10	1/18
1/25	2/1	2/8	2/17
2/24	3/3	3/10	3/18
3/25	4/1	4/9	4/17
4/24	5/1	5/9	5/16
5/23	5/30	6/7	6/15
6/21	6/29	7/7	7/14
7/21	7/28	8/5	8/12
8/19	8/27	9/4	9/10
9/18	9/26	10/3	10/10
10/17	10/26	11/1	11/8
11/16	11/24	12/1	12/8
12/16	12/24	12/30	

★ 1964年

초승달	상현달	보름달	하현달
			1/7
1/15	1/22	1/29	2/5
2/13	2/20	2/27	3/6
3/14	3/21	3/28	4/5
4/12	4/19	4/27	5/5
5/12	5/18	5/26	6/3
6/10	6/17	6/25	7/3
7/9	7/16	7/25	8/1
8/8	8/15	8/23	8/30
9/6	9/14	9/22	9/29
10/6	10/14	10/21	10/28
11/4	11/12	11/20	11/26
12/4	12/12	12/19	12/26

1965年

초승달	상현달	보름달	하현달
1/3	1/11	1/17	1/24
2/2	2/9	2/16	2/23
3/3	3/11	3/17	3/25
4/2	4/9	4/16	4/24
5/1	5/8	5/15	5/23
5/31	6/6	6/14	6/22
6/29	7/6	7/14	7/22
7/28	8/4	8/12	8/20
8/27	9/3	9/11	9/18
9/25	10/2	10/10	10/18
10/24	11/1	11/9	11/16
11/23	12/1	12/9	12/15
12/23	12/31		

1966年

초승달	상현달	보름달	하현달
		1/7	1/14
1/22	1/30	2/6	2/12
2/20	2/28	3/7	3/14
3/22	3/30	4/5	4/13
4/21	4/28	5/5	5/12
5/20	5/27	6/3	6/11
6/19	6/25	7/3	7/11
7/18	7/25	8/1	8/9
8/16	8/23	8/31	9/8
9/15	9/21	9/30	10/7
10/14	10/21	10/29	11/6
11/12	11/20	11/28	12/5
12/12	12/20	12/28	

1967年

초승달	하현달	보름달	하현달
			1/3
1/11	1/19	1/26	2/2
2/9	2/18	2/25	3/3
3/11	3/19	3/26	4/2
4/10	4/18	4/24	5/1
5/9	5/17	5/24	5/31
6/8	6/15	6/22	6/30
7/8	7/15	7/21	7/29
8/6	8/13	8/20	8/28
9/4	9/11	9/19	9/27
10/4	10/10	10/18	10/26
11/2	11/9	11/17	11/25
12/2	12/9	12/17	12/24
12/31			

注) ★가 찍힌 해는 윤달이 있는 해이고, 29일까지 있습니다.

★ 1968年

초승달	상현달	보름달	하현달
	1/7	1/16	1/23
1/30	2/6	2/14	2/21
2/28	3/7	3/15	3/21
3/29	4/6	4/13	4/20
4/28	5/6	5/12	5/19
5/27	6/4	6/11	6/18
6/26	7/3	7/10	7/17
7/25	8/2	8/8	8/16
8/24	8/31	9/7	9/15
9/22	9/29	10/6	10/15
10/22	10/28	11/5	11/13
11/20	11/27	12/5	12/13
12/20	12/26		

1969年

초승달	상현달	보름달	하현달
		1/4	1/11
1/18	1/25	2/2	2/10
2/17	2/24	3/4	3/11
3/18	3/26	4/3	4/9
4/17	4/25	5/2	5/9
5/16	5/24	5/31	6/7
6/15	6/23	6/30	7/6
7/14	7/22	7/29	8/5
8/13	8/21	8/27	9/4
9/12	9/19	9/26	10/3
10/11	10/18	10/25	11/2
11/10	11/17	11/24	12/2
12/9	12/16	12/24	

1970年

초승달	상현달	보름달	하현달
			1/1
1/8	1/14	1/22	1/30
2/6	2/13	2/21	3/1
3/8	3/15	3/23	3/30
4/6	4/14	4/22	4/29
5/5	5/13	5/21	5/28
6/4	6/12	6/19	6/26
7/4	7/12	7/19	7/25
8/2	8/10	8/17	8/24
9/1	9/9	9/15	9/22
9/30	10/8	10/15	10/22
10/30	11/6	11/13	11/21
11/29	12/6	12/13	12/21
12/28			

1971年

초승달	하현달	보름달	하현달
	1/4	1/11	1/20
1/27	2/2	2/10	2/18
2/25	3/4	3/12	3/20
3/27	4/3	4/11	4/18
4/25	5/2	5/10	5/18
5/24	6/1	6/9	6/16
6/23	7/1	7/8	7/15
7/22	7/30	8/7	8/13
8/21	8/29	9/5	9/12
9/19	9/28	10/4	10/11
10/19	10/27	11/3	11/10
11/18	11/26	12/2	12/10
12/18	12/25		

★ 1972年

초승달	하현달	보름달	하현달
		1/1	1/8
1/16	1/23	1/30	2/7
2/15	2/22	2/29	3/8
3/15	3/22	3/30	4/7
4/14	4/20	4/28	5/6
5/13	5/20	5/28	6/5
6/11	6/19	6/27	7/4
7/11	7/18	7/26	8/2
8/9	8/17	8/25	8/31
9/8	9/16	9/23	9/30
10/7	10/15	10/22	10/29
11/6	11/14	11/21	11/28
12/6	12/14	12/20	12/27

1973年

초승달	하현달	보름달	하현달
1/5	1/12	1/19	1/26
2/3	2/10	2/17	2/25
3/5	3/12	3/19	3/27
4/3	4/10	4/17	4/26
5/3	5/9	5/17	5/25
6/1	6/8	6/16	6/24
6/30	7/7	7/15	7/23
7/30	8/6	8/14	8/21
8/28	9/5	9/13	9/20
9/26	10/4	10/12	10/19
10/26	11/3	11/10	11/17
11/25	12/3	12/10	12/17
12/25			

1974年

초승달	하현달	보름달	하현달
	1/2	1/8	1/15
1/23	1/31	2/7	2/14
2/22	3/2	3/8	3/16
3/24	3/31	4/7	4/14
4/22	4/29	5/6	5/14
5/22	5/28	6/5	6/13
6/20	6/27	7/4	7/13
7/19	7/26	8/3	8/11
8/18	8/25	9/2	9/9
9/16	9/23	10/1	10/9
10/15	10/23	10/31	11/7
11/14	11/22	11/30	12/6
12/14	12/22	12/29	

1975年

초승달	상현달	보름달	하현달
			1/5
1/12	1/21	1/28	2/3
2/11	2/19	2/26	3/5
3/13	3/21	3/27	4/3
4/12	4/19	4/26	5/3
5/11	5/18	5/25	6/2
6/10	6/16	6/24	7/2
7/9	7/16	7/23	7/31
8/7	8/14	8/22	8/30
9/6	9/12	9/20	9/28
10/5	10/12	10/20	10/28
11/3	11/11	11/19	11/26
12/3	12/10	12/18	12/25

★ 1976年

초승달	상현달	보름달	하현달
1/1	1/9	1/17	1/24
1/31	2/8	2/16	2/22
3/1	3/9	3/16	3/23
3/31	4/8	4/14	4/21
4/29	5/7	5/14	5/21
5/29	6/5	6/12	6/19
6/27	7/5	7/11	7/19
7/27	8/3	8/10	8/18
8/25	9/1	9/8	9/17
9/24	9/30	10/8	10/16
10/23	10/30	11/7	11/15
11/22	11/28	12/7	12/14
12/21	12/28		

注) ★가 찍힌 해는 윤달이 있는 해이고, 29일까지 있습니다.

1977年

초승달	상현달	보름달	하현달
		1/5	1/13
1/19	1/27	2/4	2/11
2/18	2/26	3/6	3/12
3/20	3/28	4/4	4/11
4/18	4/26	5/3	5/10
5/18	5/26	6/2	6/9
6/17	6/24	7/1	7/8
7/16	7/24	7/30	8/7
8/15	8/22	8/29	9/5
9/13	9/20	9/27	10/5
10/13	10/19	10/27	11/4
11/11	11/18	11/26	12/4
12/11	12/17	12/25	

1978年

초승달	상현달	보름달	하현달
			1/2
1/9	1/16	1/24	2/1
2/7	2/15	2/23	3/2
3/9	3/17	3/25	4/1
4/8	4/15	4/23	4/30
5/7	5/15	5/22	5/29
6/6	6/14	6/21	6/27
7/5	7/13	7/20	7/27
8/4	8/12	8/18	8/25
9/3	9/10	9/17	9/24
10/2	10/9	10/16	10/24
11/1	11/8	11/15	11/23
11/30	12/7	12/14	12/23
12/30			

1979年

초승달	상현달	모름날	하현달
	1/5	1/13	1/21
1/28	2/4	2/12	2/20
2/27	3/6	3/14	3/21
3/28	4/4	4/12	4/20
4/26	5/4	5/12	5/19
5/26	6/3	6/10	6/17
6/24	7/3	7/10	7/16
7/24	8/1	8/8	8/15
8/23	8/31	9/6	9/13
9/21	9/29	10/6	10/13
10/21	10/28	11/4	11/12
11/20	11/27	12/4	12/11
12/19	12/26		

★ 1980年

초승달	상현달	보름달	하현달
		1/2	1/10
1/18	1/24	2/1	2/9
2/16	2/23	3/1	3/10
3/17	3/23	4/1	4/8
4/15	4/22	4/30	5/8
5/14	5/22	5/30	6/6
6/13	6/20	6/28	7/5
7/12	7/20	7/28	8/3
8/11	8/19	8/26	9/2
9/9	9/17	9/24	10/1
10/9	10/17	10/24	10/31
11/8	11/16	11/22	11/29
12/7	12/15	12/22	12/29

1981年

초승달	상현달	보름달	하현달
1/6	1/13	1/20	1/28
2/5	2/12	2/19	2/27
3/6	3/13	3/21	3/29
4/5	4/11	4/19	4/27
5/4	5/11	5/19	5/27
6/2	6/9	6/18	6/25
7/2	7/9	7/17	7/24
7/31	8/8	8/16	8/22
8/29	9/6	9/14	9/21
9/28	10/6	10/13	10/20
10/28	11/5	11/12	11/18
11/26	12/5	12/11	12/18
12/26			

1982年

초승달	상현달	보름달	하현달
		1/3	1/10	1/17
1/25	2/1	2/8	2/16
2/24	3/3	3/10	3/18
3/25	4/1	4/8	4/16
4/24	4/30	5/8	5/16
5/23	5/30	6/7	6/15
6/21	6/28	7/6	7/14
7/21	7/28	8/5	8/12
8/19	8/26	9/3	9/11
9/17	9/25	10/3	10/10
10/17	10/25	11/1	11/8
11/16	11/24	12/1	12/8
12/15	12/23	12/30	

1983年

초승달	상현달	보름달	하현달
			1/6
1/14	1/22	1/29	2/5
2/13	2/21	2/27	3/6
3/15	3/22	3/29	4/5
4/13	4/20	4/27	5/5
5/13	5/19	5/27	6/4
6/11	6/18	6/25	7/3
7/10	7/17	7/25	8/2
8/9	8/15	8/23	8/31
9/7	9/14	9/22	9/30
10/6	10/14	10/22	10/29
11/5	11/13	11/20	11/27
12/4	12/12	12/20	12/27

★ 1984年

초승달	상현달	보름달	하현달
1/3	1/11	1/18	1/25
2/2	2/10	2/17	2/24
3/3	3/11	3/17	3/24
4/1	4/9	4/16	4/23
5/1	5/8	5/15	5/23
5/31	6/7	6/13	6/21
6/29	7/6	7/13	7/21
7/28	8/4	8/12	8/20
8/27	9/2	9/10	9/18
9/25	10/2	10/10	10/18
10/24	10/31	11/9	11/16
11/23	11/30	12/8	12/16
12/22	12/30		

1985年

초승달	상현달	보름달	하현달
		1/7	1/14
1/21	1/29	2/6	2/12
2/20	2/28	3/7	3/14
3/21	3/30	4/5	4/12
4/20	4/28	5/5	5/12
5/20	5/27	6/3	6/10
6/18	6/26	7/2	7/10
7/18	7/25	8/1	8/9
8/16	8/23	8/30	9/7
9/15	9/21	9/29	10/7
10/14	10/21	10/29	11/6
11/12	11/19	11/27	12/5
12/12	12/19	12/27	

注) ★가 찍힌 해는 윤달이 있는 해이고, 29일까지 있습니다.

1986年

초승달	상현달	보름달	하현달
			1/4
1/10	1/18	1/26	2/2
2/9	2/17	2/25	3/3
3/10	3/19	3/26	4/2
4/9	4/17	4/24	5/1
5/9	5/17	5/24	5/30
6/7	6/15	6/22	6/29
7/7	7/15	7/21	7/29
8/6	8/13	8/20	8/27
9/4	9/11	9/18	9/26
10/4	10/10	10/18	10/26
11/2	11/9	11/16	11/25
12/2	12/8	12/16	12/24
12/31			

1987年

초승달	상현달	보름달	하현달
	1/7	1/15	1/23
1/29	2/6	2/14	2/21
2/28	3/7	3/15	3/23
3/29	4/6	4/14	4/21
4/28	5/6	5/13	5/20
5/28	6/5	6/12	6/18
6/26	7/4	7/11	7/18
7/26	8/3	8/9	8/16
8/24	9/1	9/8	9/15
9/23	9/30	10/7	10/15
10/23	10/30	11/6	11/13
11/21	11/28	12/5	12/13
12/21	12/27		

★ 1988年

초승달	상현달	보름달	하현달
		1/4	1/12
1/19	1/26	2/3	2/11
2/18	2/24	3/4	3/11
3/18	3/25	4/2	4/10
4/16	4/24	5/2	5/9
5/16	5/24	5/31	6/7
6/14	6/22	6/30	7/6
7/14	7/22	7/29	8/5
8/12	8/21	8/27	9/3
9/11	9/19	9/26	10/3
10/11	10/18	10/25	11/1
11/9	11/17	11/24	12/1
12/9	12/16	12/23	12/31

1989年

초승달	상현달	보름달	하현달
1/8	1/14	1/22	1/30
2/6	2/13	2/21	3/1
3/8	3/14	3/22	3/30
4/6	4/13	4/21	4/29
5/5	5/12	5/21	5/28
6/4	6/11	6/19	6/26
7/3	7/11	7/19	7/25
8/2	8/10	8/17	8/24
8/31	9/8	9/15	9/22
9/30	10/8	10/15	10/21
10/30	11/6	11/13	11/20
11/28	12/6	12/13	12/20
12/28			

1990年

초승달	상현달	보름달	하현달
	1/4	1/11	1/19
1/27	2/3	2/10	2/18
2/25	3/4	3/11	3/19
3/27	4/2	4/10	4/18
4/25	5/2	5/10	5/18
5/24	5/31	6/8	6/16
6/23	6/30	7/8	7/15
7/22	7/29	8/6	8/14
8/20	8/28	9/5	9/12
9/19	9/27	10/4	10/11
10/19	10/27	11/3	11/9
11/17	11/25	12/2	12/9
12/17	12/25		

1991年

초승달	상현달	보름달	하현달
		1/1	1/8
1/16	1/23	1/30	2/6
2/15	2/22	3/1	3/8
3/16	3/23	3/30	4/7
4/15	4/21	4/29	5/7
5/14	5/21	5/28	6/6
6/12	6/19	6/27	7/5
7/12	7/19	7/27	8/3
8/10	8/17	8/25	9/2
9/8	9/16	9/24	10/1
10/8	10/16	10/23	10/30
11/6	11/14	11/22	11/29
12/6	12/14	12/21	12/28

★ 1992年

초승달	상현달	보름달	하현달
1/5	1/13	1/20	1/27
2/4	2/12	2/18	2/25
3/4	3/12	3/19	3/26
4/3	4/10	4/17	4/25
5/3	5/10	5/17	5/25
6/1	6/8	6/15	6/23
6/30	7/7	7/15	7/23
7/30	8/5	8/13	8/21
8/28	9/4	9/12	9/20
9/26	10/3	10/12	10/19
10/26	11/2	11/10	11/17
11/24	12/2	12/10	12/17
12/24			

1993年

초승달	상현달	보름달	하현달
	1/1	1/8	1/15
1/23	1/31	2/7	2/13
2/21	3/2	3/8	3/15
3/23	3/31	4/7	4/14
4/22	4/29	5/6	5/13
5/21	5/29	6/4	6/12
6/20	6/27	7/4	7/12
7/19	7/26	8/2	8/11
8/18	8/24	9/1	9/9
9/16	9/23	10/1	10/9
10/15	10/22	10/30	11/7
11/14	11/21	11/29	12/7
12/13	12/21	12/29	

1994年

초승달	상현달	보름달	하현달
			1/5
1/12	1/20	1/27	2/3
2/10	2/19	2/26	3/5
3/12	3/20	3/27	4/3
4/11	4/19	4/26	5/2
5/11	5/18	5/25	6/1
6/9	6/17	6/23	7/1
7/9	7/16	7/23	7/30
8/7	8/14	8/21	8/29
9/6	9/12	9/20	9/28
10/5	10/12	10/19	10/28
11/3	11/10	11/18	11/26
12/3	12/10	12/18	12/26

注) ★가 찍힌 해는 윤달이 있는 해이고, 29일까지 있습니다.

1995年

초승달	상현달	보름달	하현달
1/1	1/9	1/17	1/24
1/31	2/7	2/15	2/22
3/1	3/9	3/17	3/24
3/31	4/8	4/15	4/22
4/30	5/8	5/15	5/21
5/29	6/6	6/13	6/20
6/28	7/6	7/12	7/19
7/28	8/4	8/11	8/18
8/26	9/2	9/9	9/17
9/25	10/1	10/9	10/17
10/24	10/31	11/7	11/15
11/23	11/29	12/7	12/15
12/22	12/29		

★ 1996年

초승달	상현달	보름달	하현달
		1/6	1/14
1/20	1/27	2/5	2/12
2/19	2/26	3/5	3/13
3/19	3/27	4/4	4/11
4/18	4/26	5/3	5/10
5/17	5/25	6/2	6/8
6/16	6/24	7/1	7/8
7/16	7/24	7/30	8/6
8/14	8/22	8/29	9/5
9/13	9/20	9/27	10/4
10/12	10/20	10/26	11/3
11/11	11/18	11/25	12/3
12/11	12/17	12/25	

1997年

초승달	상현달	보름달	하현달
			1/2
1/9	1/16	1/24	2/1
2/8	2/14	2/22	3/2
3/9	3/16	3/24	4/1
4/7	4/15	4/23	4/30
5/7	5/14	5/22	5/29
6/5	6/13	6/21	6/27
7/5	7/13	7/20	7/27
8/3	8/11	8/18	8/25
9/2	9/10	9/17	9/23
10/2	10/9	10/16	10/23
10/31	11/8	11/14	11/22
11/30	12/7	12/14	12/22
12/30			

1998年

초승달	상현달	보름달	하현달
	1/5	1/13	1/21
1/28	2/4	2/11	2/20
2/27	3/5	3/13	3/21
3/28	4/4	4/12	4/20
4/26	5/3	5/11	5/19
5/26	6/2	6/10	6/17
6/24	7/2	7/10	7/17
7/23	7/31	8/8	8/15
8/22	8/30	9/6	9/13
9/21	9/29	10/6	10/12
10/20	10/28	11/4	11/11
11/19	11/27	12/4	12/11
12/19	12/26		

1999年

초승달	상현달	보름달	하현달
		1/2	1/9
1/18	1/25	2/1	2/8
2/16	2/23	3/2	3/10
3/18	3/24	4/1	4/9
4/16	4/23	4/30	5/9
5/15	5/22	5/30	6/7
6/14	6/21	6/29	7/6
7/13	7/20	7/28	8/5
8/11	8/19	8/27	9/3
9/10	9/18	9/25	10/2
10/9	10/17	10/25	10/31
11/8	11/16	11/23	11/30
12/8	12/16	12/23	12/29

★ 2000年

초승달	상현달	보름달	하현달
1/7	1/14	1/21	1/28
2/5	2/13	2/20	2/27
3/6	3/13	3/20	3/28
4/5	4/11	4/19	4/27
5/4	5/11	5/18	5/26
6/2	6/9	6/17	6/25
7/2	7/8	7/16	7/24
7/31	8/7	8/15	8/23
8/29	9/6	9/14	9/21
9/28	10/5	10/13	10/20
10/27	11/4	11/12	11/19
11/26	12/4	12/11	12/18
12/26			

2001年

초승달	상현달	보름달	하현달
	1/3	1/10	1/16
1/24	2/1	2/8	2/15
1/23	3/3	3/10	3/17
3/25	4/1	4/8	4/16
4/24	5/1	5/7	5/15
5/23	5/30	6/6	6/14
6/21	6/28	7/6	7/14
7/21	7/27	8/4	8/12
8/19	8/26	9/3	9/11
9/17	9/24	10/2	10/10
10/17	10/24	11/1	11/8
11/15	11/23	12/1	12/8
12/15	12/23	12/30	

2002年

초승달	상현달	보름달	하현달
			1/6
1/13	1/22	1/29	2/4
2/12	2/20	2/27	3/6
3/14	3/22	3/29	4/5
4/13	4/20	4/27	5/4
5/12	5/20	5/26	6/3
6/11	6/18	6/25	7/3
7/10	7/17	7/24	8/1
8/9	8/15	8/23	8/31
9/7	9/14	9/21	9/30
10/6	10/13	10/21	10/29
11/5	11/12	11/20	11/28
12/4	12/12	12/20	12/27

2003年

초승달	상현달	보름달	하현달
1/3	1/10	1/18	1/25
2/1	2/9	2/17	2/24
3/3	3/11	3/18	3/25
4/2	4/10	4/17	4/23
5/1	5/9	5/16	5/23
5/31	6/8	6/14	6/21
6/30	7/7	7/14	7/21
7/29	8/5	8/12	8/20
8/28	9/3	9/11	9/19
9/26	10/3	10/10	10/18
10/25	11/1	11/9	11/17
11/24	12/1	12/9	12/17
12/23	12/30		

注) ★가 찍힌 해는 윤달이 있는 해이고, 29일까지 있습니다.

★ 2004年

초승달	상현달	보름달	하현달
		1/8	1/15
1/22	1/29	2/6	2/13
2/20	2/28	3/7	3/14
3/21	3/29	4/5	4/12
4/19	4/28	5/5	5/11
5/19	5/27	6/3	6/10
6/18	6/26	7/2	7/9
7/17	7/25	8/1	8/8
8/16	8/23	8/30	9/7
9/14	9/22	9/28	10/6
10/14	10/21	10/28	11/5
11/12	11/19	11/27	12/5
12/12	12/19	12/27	

2005年

초승달	상현달	보름달	하현달
			1/4
1/10	1/17	1/25	2/2
2/9	2/16	2/24	3/4
3/10	3/18	3/26	4/2
4/9	4/16	4/24	5/1
5/8	5/16	5/24	5/30
6/7	6/15	6/22	6/29
7/6	7/15	7/21	7/28
8/5	8/13	8/20	8/27
9/4	9/11	9/18	9/25
10/3	10/11	10/17	10/25
11/2	11/9	11/16	11/24
12/2	12/8	12/16	12/24
12/31			

2006年

초승달	상현달	보름달	하현달
	1/7	1/14	1/23
1/29	2/5	2/13	2/21
2/28	3/7	3/15	3/23
3/29	4/5	4/14	4/21
4/28	5/5	5/13	5/20
5/27	6/4	6/12	6/18
6/26	7/4	7/11	7/18
7/25	8/2	8/9	8/16
8/24	9/1	9/8	9/14
9/22	9/30	10/7	10/14
10/22	10/30	11/5	11/13
11/21	11/28	12/5	12/12
12/20	12/27		

2007年

초승달	상현달	보름달	하현달
		1/3	1/11
1/19	1/26	2/2	2/10
2/18	2/24	3/4	3/12
3/19	3/26	4/3	4/11
4/17	4/24	5/2	5/10
5/17	5/24	6/1	6/8
6/15	6/22	6/30	7/8
7/14	7/22	7/30	8/6
8/13	8/21	8/28	9/4
9/11	9/20	9/27	10/3
10/11	10/19	10/26	11/2
11/10	11/18	11/24	12/1
12/10	12/17	12/24	12/31

★ 2008年

초승달	상현달	보름달	하현달
1/8	1/16	1/22	1/30
2/7	2/14	2/21	2/29
3/8	3/14	3/22	3/30
4/6	4/13	4/20	4/28
5/5	5/12	5/20	5/28
6/4	6/11	6/19	6/26
7/3	7/10	7/18	7/26
8/1	8/9	8/17	8/24
8/31	9/7	9/15	9/22
9/29	10/7	10/15	10/21
10/29	11/6	11/13	11/20
11/28	12/6	12/13	12/19
12/27			

2009年

초승달	상현달	보름달	하현달
	1/4	1/11	1/18
1/26	2/3	2/9	2/17
2/25	3/4	3/11	3/19
3/27	4/2	4/9	4/17
4/25	5/2	5/9	5/17
5/24	5/31	6/8	6/16
6/23	6/29	7/7	7/15
7/22	7/29	8/6	8/14
8/20	8/27	9/5	9/12
9/19	9/26	10/4	10/11
10/18	10/26	11/3	11/10
11/17	11/25	12/2	12/9
12/16	12/25		

2010年

초승달	상현달	보름달	하현달
		1/1	1/7
1/15	1/23	1/30	2/6
2/14	2/22	3/1	3/8
3/16	3/23	3/30	4/6
4/14	4/22	4/28	5/6
5/14	5/21	5/28	6/5
6/12	6/19	6/26	7/4
7/12	7/18	7/26	8/3
8/10	8/17	8/25	9/2
9/8	9/15	9/23	10/1
10/8	10/15	10/23	10/30
11/6	11/14	11/22	11/29
12/6	12/13	12/21	12/28

2011年

초승달	상현달	보름달	하현달
1/4	1/12	1/20	1/26
2/3	2/11	2/18	2/25
3/5	3/13	3/20	3/26
4/3	4/11	4/18	4/25
5/3	5/11	5/17	5/25
6/2	6/9	6/16	6/23
7/1	7/8	7/15	7/23
7/31	8/6	8/14	8/22
8/29	9/5	9/12	9/20
9/27	10/4	10/12	10/20
10/27	11/3	11/11	11/19
11/25	12/2	12/10	12/18
12/25			

★ 2012年

초승달	상현달	보름달	하현달
	1/1	1/9	1/16
1/23	1/31	2/8	2/15
2/22	3/1	3/8	3/15
3/22	3/31	4/7	4/13
4/21	4/29	5/6	5/13
5/21	5/29	6/4	6/11
6/20	6/27	7/4	7/11
7/19	7/26	8/2	8/10
8/18	8/24	8/31	9/8
9/16	9/23	9/30	10/8
10/15	10/22	10/30	11/7
11/14	11/20	11/28	12/7
12/13	12/20	12/28	

注) ★가 찍힌 해는 윤달이 있는 해이고, 29일까지 있습니다.

2013年

초승달	상현달	보름달	하현달
			1/5
1/12	1/19	1/27	2/3
2/10	2/18	2/26	3/5
3/12	3/20	3/27	4/3
4/10	4/18	4/26	5/2
5/10	5/18	5/25	6/1
6/9	6/17	6/23	6/30
7/8	7/16	7/23	7/30
8/7	8/14	8/21	8/28
9/5	9/13	9/19	9/27
10/5	10/12	10/19	10/27
11/3	11/10	11/18	11/26
12/3	12/10	12/17	12/25

2014年

초승달	상현달	보름달	하현달
1/1	1/8	1/16	1/24
1/31	2/7	2/15	2/23
3/1	3/8	3/17	3/24
3/31	4/7	4/15	4/22
4/29	5/7	5/15	5/21
5/29	6/6	6/13	6/20
6/27	7/5	7/12	7/19
7/27	8/4	8/11	8/17
8/25	9/2	9/9	9/16
9/24	10/2	10/8	10/16
10/24	10/31	11/7	11/15
11/22	11/29	12/6	12/14
12/22	12/29		

2015年

초승날	상현달	보름달	하현달
		1/5	1/13
1/20	1/27	2/4	2/12
2/19	2/26	3/6	3/14
3/20	3/27	4/4	4/12
4/19	4/26	5/4	5/11
5/18	5/26	6/3	6/10
6/16	6/24	7/2	7/9
7/16	7/24	7/31	8/7
8/14	8/23	8/30	9/5
9/13	9/21	9/28	10/5
10/13	10/21	10/27	11/3
11/12	11/19	11/26	12/3
12/11	12/19	12/25	

★ 2016年

초승달	상현달	보름달	하현달
			1/2
1/10	1/17	1/24	2/1
2/8	2/15	2/23	3/2
3/9	3/16	3/23	4/1
4/7	4/14	4/22	4/30
5/7	5/14	5/22	5/29
6/5	6/12	6/20	6/28
7/4	7/12	7/20	7/27
8/3	8/11	8/18	8/25
9/1	9/9	9/17	9/23
10/1	10/9	10/16	10/23
10/31	11/8	11/14	11/21
11/29	12/7	12/14	12/21
12/29			

2017年

초승달	상현달	보름달	하현달
	1/6	1/12	1/20
1/28	2/4	2/11	2/19
2/26	3/5	3/12	3/21
3/28	4/4	4/11	4/19
4/26	5/3	5/11	5/19
5/26	6/1	6/9	6/17
6/24	7/1	7/9	7/17
7/23	7/31	8/8	8/15
8/22	8/29	9/6	9/13
9/20	9/28	10/6	10/12
10/20	10/28	11/4	11/11
11/18	11/27	12/4	12/10
12/18	12/26		

2018年

초승달	상현달	보름달	하현달
		1/2	1/9
1/17	1/25	1/31	2/8
2/16	2/23	3/2	3/9
3/17	3/25	3/31	4/8
4/16	4/23	4/30	5/8
5/15	5/22	5/29	6/7
6/14	6/20	6/28	7/6
7/13	7/20	7/28	8/5
8/11	8/18	8/26	9/3
9/10	9/17	9/25	10/2
10/9	10/17	10/25	11/1
11/8	11/15	11/23	11/30
12/7	12/15	12/23	12/29

2019年

초승달	상현달	보름달	하현달
1/6	1/14	1/21	1/28
2/5	2/13	2/20	2/26
3/7	3/14	3/21	3/28
4/5	4/13	4/19	4/27
5/5	5/12	5/19	5/27
6/3	6/10	6/17	6/25
7/3	7/9	7/17	7/25
8/1	8/8	8/15	8/23
8/30	9/6	9/14	9/22
9/29	10/6	10/14	10/21
10/28	11/4	11/12	11/20
11/27	12/4	12/12	12/19
12/26			

★ 2020年

초승달	상현달	보름달	하현달
	1/3	1/11	1/17
1/25	2/2	2/9	2/16
2/24	3/3	3/10	3/16
3/24	4/1	4/8	4/15
4/23	5/1	5/7	5/14
5/23	5/30	6/6	6/13
6/21	6/28	7/5	7/13
7/21	7/27	8/4	8/12
8/19	8/26	9/2	9/10
9/17	9/24	10/2	10/10
10/17	10/23	10/31	11/8
11/15	11/22	11/30	12/8
12/15	12/22	12/30	

注) ★가 찍힌 해는 윤달이 있는 해이고, 29일까지 있습니다.

★신개념 한국명리학총서(전15권)★　(금액 194,000원)

① 행복을 찾고 불행을 막는 점성술

정용빈 편저/신국판 204쪽/정가 12,000원
자연학의 원리를 이용하여 모순을 만나게 되는
것을 알 수 있게 하여 불운을 쫓아내는 것이 육
갑법 점성술이다.

② 손금으로 자기운명 알 수 있다

백준기 역/신국판 252쪽/정가 12,000원
뇌의 中樞神經의 작용이 손에 집중되어 표현되
는 사실을 도해로 설명하면서, 장래의 예지 등을
제시한다.

③ 얼굴은 이래야 환영받는다

백준기 역/신국판 240쪽/정가 12,000원
관상의 기본이 되는 三質論의 상세한 해설을 비
롯, 인상의 연령 변화, 복합관상 등, 결과에 따
른 원인을 구명했다.

④ 사주팔자 보면 내운명 알 수 있다

정용빈 편저/신국판 380쪽/정가 18,000원
12천성과 음양 오행의 심오한 이치를 누구나 알
기 쉽게 재정립한 사주 명리학의 결정판

⑤ 꿈해몽은 이렇게 한다

정용빈 편저/신국판 250쪽/정가 14,000원
꿈에는 자신의 희미한 성패의 비밀이 숨겨져 있
어 이를 풀이하고, 역사적 인물들이 남긴 꿈들을
수록했다.

⑥ 여성사주로 여성운명을 알 수 있다

진옥숙 저/정용빈 역/신국판 254쪽/정가 12,000원
연애·결혼·건강·사업 등, 동양의 별의 비법이 밝히
는 여성의 운명, 너무도 정확해서 겁이 날 정도
다.

⑦ 풍수지리와 좋은 산소터 보기

정용빈 편저/신국판 262쪽/정가 12,000원
산소 자리를 가려서 육체와 혼백을 잘 모시면
신령(神靈)이 편안하고 자손 또한 편안하다.

※ 출판할 원고나 자료 가지고 계신 분
  출판하여 드립니다.
  문의 ☎ 02-2636-2911번으로 연락

⑧ 이름감정과 이름짓는 법

성명철학연구회 편/신국판 260쪽/정가 12,000원
기초 지식부터 이름 짓는 방법, 성명감점 방법,
이름으로 身數를 아는 방법 등을 자세히 설명했
다.

⑨ 나이로 본 궁합법

김용호 지음/신국판 334쪽/정가 14,000원
생년·월·일만 알면 생년의 구성을 주로 하여 생월
을 가미시켜 초심자도 알기 쉽게 했다.

⑩ 십이지(띠)로 내 평생 운세를 본다

김용호 편저/신국판 290쪽/정가 14,000원
동양철학의 정수인 간지(干支)와 구성(九星)학을
통하여 스스로의 찬성, 천운, 길흉을 예지하기
쉽게 기술했다.

⑪ 이런 이름이 출세하는 이름

정용빈 편저/신국판 227쪽/정가 12,000원
성명 철리(哲理)의 문헌을 토대로하여 누구나 좋
은 이름을 지을 수 있도록 쉽게 정리했다.

⑫ 오감에서 여성 운세 능력 개발할 수 있다

김진태 편저/신국판 260쪽/정가 12,000원
미각·촉각·후각·청각·시각을 이용하여 교제 능력을
기우고, 자신의 운세를 개발할 수 있도록 했다.

⑬ 신랑신부 행복한 궁합

김용호 편저/신국판 250쪽/정가 12,000원
역리학적인 사주명리의 방법 외에 첫 인상, 관
상, 수상, 구성학, 납음오행 등을 기호에 맞게
기술했다.

⑭ 택일을 잘해야 행복하다

정용빈 편저/신국판 260쪽/정가 12,000원

⑮ 달점으로 미래운명 보기

문(moon)무라모또 저/사공혜선 역/신국판 280쪽/
정가 14,000원

신개념 한국명리학총서 15

달점으로 미래운명 보기   定價 14,000원

2011年 4月 25日 1판 인쇄
2011年 4月 30日 1판 발행
  저 자 : 문(Moon) 무라모또
  역 자 : 사 공 혜 선
          (松 園 版)
  발행인 : 김 현 호
  발행처 : 법문 북스
  공급처 : 법률미디어

152-050
서울 구로구 구로동 636-62
TEL : 2636-2911~3, FAX : 2636~3012
등록 : 1979년 8월 27일 제5-22호
Home : www.lawb.co.kr

❙ISBN 978-89-7535-212-6 04150
❙파본은 교환해 드립니다.
❙본서의 무단 전재·복제행위는 저작권법에 의거, 3년 이하의
 징역 또는 3,000만원 이하의 벌금에 처해집니다.